Die schönsten
Antik- und Flohmärkte
Europas

W0190339

Trödler & SAMMELN

Die schönsten
Antik- und Flohmärkte
Europas

Anfahrtswege und Marktangebot

BATTENBERG

Inhalt

Vorwort

Flohmärkte sind »in« wie nie. In nahezu jedem Dorf bietet jedermann an, was er nicht mehr gebrauchen kann, aber was anderen wertvoll erscheint. Dabei geht es auf Flohmärkten nicht nur um Gut und Geld, sondern auch um den Spaß, den Verkäufer und Kunden haben. Da geht es um Entdecken und um Feilschen, um Schauen und um Schnäppchen. Diese einzigartige Mischung aus Fordern und Bieten, aus Farben, Düften, Gerüchen und marktschreierischer Atmosphäre läßt jeden Flohmarkt zu einem einmaligen Erlebnis werden. So ungezwungen wie hier kann man sonst nirgends einkaufen.

»Die« Käufergruppe der Flohmärkte gibt es dabei nicht. Zwar finden wir – zumindest in Deutschland – gewisse Stammkunden, wie ausländische Mitbürger und Studenten, die einfach billig einkaufen wollen. Doch auch Leute, die es sich eigentlich leisten könnten, Neuware zu kaufen, sind ständig auf der Suche nach dem »besonderen Etwas«. Der Hang zur Nostalgie spielt hierbei eine genauso große Rolle wie der Wunsch, anders zu sein als die anderen. Oder die Hoffnung auf ein Schnäppchen.

Dabei wird, was früher weggeworfen wurde, heute zum Teil ziemlich teuer verkauft. Noch nie war das Angebot an gebrauchten Möbeln, »Second-hand«-Kleidung, Büchern und sonstigen Gebrauchs- und Kunstgegenständen so groß und vielfältig. Die Nachfrage nach Waren aus dem »Vor-Plastik-Zeitalter« nimmt ungeahnte Ausmaße an.

Bei den Flohmärkten in den europäischen Metropolen kommt noch der touristische Aspekt hinzu. Wer mehr nach Hause bringen möchte als eines der üblichen Urlaubsmitbringsel, kann auf einem der vielen Flohmärkte eine besondere »Trophäe« oder etwas für das Gastland besonders Typisches ergattern. Bei jeder Besichtigungstour durch eine fremde Stadt dürfte der Flohmarkt nur eine allzu willkommen Abwechslung sein.

Kaum zu glauben, daß Flohmärkte keinesfalls eine Erfindung unserer Tage sind: Ihre Geschichte beginnt in Frankreich, wo bereits um 1860 die ersten Händler und Lumpensammler ihre Buden im Norden von Paris, vor der Porte de Clignancourt aufstellten, nachdem sie aus der Innenstadt verjagt worden waren. Immer mehr Verkäufer sammelten sich an, und bald tauchte die Bezeichnung »Marché aux Puces« auf: Der erste Flohmarkt war geboren. Bis in die 80er Jahre unseres Jahrhunderts war übrigens England das Land mit den meisten Trödel- und Krammärkten, Antiquariaten und Versteigerungen. Von Europa aus schwappt die »Flohmarktwelle« inzwischen sogar nach Amerika über. Über diesen Markt fehlt uns jedoch (noch) die Übersicht ...

Mit unserem Buch wollen wir nun mehrere »Fliegen mit einer Klappe schlagen«:
● Sie bekommen eine Übersicht über die wichtigsten inländischen Flohmärkte mit allem, was Kunden, aber auch Verkäufer wissen sollten – bis hin zum Standpreis. Dabei haben wir vor allem Märkte aufgenommen, die durch ihr Angebot, ihre Lage oder ihre Geschichte außergewöhnlich sind.

● Wir nennen Ihnen die wichtigsten Veranstalter, damit Sie sich selbst weitergehende Informationen holen können – zum Beispiel exakte Termine, die unser Buch, anders als etwa eine regelmäßig erscheinende Zeitschrift, nicht enthalten kann.
● Wir laden Sie ein auf eine Entdeckungsreise, die Ihnen neben den Märkten auch in der Nähe liegende kulturelle Angebote nennt. Somit eignet sich unser Buch auch als eine Art »schneller« Reiseführer.
● Dies gilt vor allem auch für die wichtigsten ausländischen Flohmärkte, die schon für sich allein eine touristische Attraktion darstellen.

Eines wollen wir jedoch auch nicht verschweigen: Dieses Buch stellt eine subjektive Auswahl dar, bei der wir vor allem auf das große Wissen der Redakteure der Fachzeitschrift »Trödler & Sammeln« zurückgegriffen haben. Hierfür noch einmal unseren herzlichen Dank. Wir bitten auf diesem Weg alle Leserinnen und Leser um Informationen und Material über Flohmärkte, von denen Sie glauben, daß sie in diesen Führer gehören. Bitte schicken Sie Ihre Anregungen und Tips, aber auch jede Art von Kritik an

Medien-Agentur Gerald Drews
Neuschwansteinstraße 25 a
86163 Augsburg
Kennwort: Flohmarkt

Und nun viel Spaß beim Blättern und vor allem bei Ihrem nächsten Flohmarktbesuch!

Ihr Herausgeber

Um Ihnen das Zurechtfinden in unserem Flohmarktführer zu erleichtern, haben wir folgende Piktogramme als Orientierungshilfen eingeführt:

ANTIQUITÄTEN   MÖBEL

BÜCHER   NEUWARE

FLOHMARKT   SAMMELOBJEKTE

KLEIDUNG   TIERE

KUNSTHANDWERK   TRÖDEL

Diese Piktogramme bezeichnen jedoch lediglich Schwerpunkte der Märkte. Da Händler und Warenangebot auf den Flohmärkten beinahe von Tag zu Tag wechseln, ist eine exakte Erfassung der angebotenen Waren unmöglich.

Flohmarktknigge

- Je früher Sie auf dem Platz sind, desto größer und besser ist das Angebot.

- Je später Sie auf den Platz kommen, desto günstigere Schnäppchen sind möglich, da viele Händler ihre Ware lieber zu Spottpreisen verschleudern, als sie wieder mit nach Hause zu schleppen.

- Bevor Sie einen Einkauf tätigen, ist es ratsam, die Preise zu vergleichen. Mitunter finden sich erhebliche Unterschiede zwischen den Ständen.

- Nie den geforderten Preis zahlen, stets etwa die Hälfte anbieten. Meist werden Sie sich mit dem Händler dann irgendwo in der Mitte treffen.

... und für Händler

- Die Waren nicht auszeichnen, so bleibt die Preisgestaltung flexibler.

- Stets den doppelte Warenwert verlangen. Ist der Kunde klug, so handelt er, ist er aber dumm, so freut sich der Händler.

- Die Preise stets dem Kunden gemäß gestalten. Häufig können Sie dem Interessenten ansehen, wie zahlungsfähig er ist. An diesem persönlichen Eindruck können Sie dann die Preise ausrichten.

- Wenn einem Käufer Ihre Forderung zu hoch erscheint und er sich abzuwenden droht, so können Sie ihn mit der Frage »Was würden Sie denn zahlen wollen?« aus der Reserve locken. Manch ein Handel kommt auf diese Weise doch noch zustande.

- Marktschreierische Fähigkeiten und andere Talente dürfen Sie gerne einsetzen, um Kunden an den Stand zu locken.

- Selbstverständlich gilt es auch auf dem Flohmarkt als unfein, schlecht über Konkurrenten zu reden.

Beachten beide Seiten diese wenigen Regeln und bringen dann noch Aufgeschlossenheit und gute Laune mit auf den Marktplatz, werden Sie, egal, ob Händler oder Bummler, einen erfolgreichen Flohmarkttag genießen.

Deutschland

Betrachtet man die Flohmarktszene in Deutschland, so fällt zunächst einmal auf, daß es kaum international bekannte Veranstaltungen gibt: Der Ruhm einer Londoner Portobello Road oder eines Amsterdamer Waterlooplein ist Deutschland bis jetzt versagt geblieben. Dennoch gibt es auch hier eine Reihe regelmäßig abgehaltener Flohmärkte, sowohl in Großstädten wie Hamburg, Frankfurt, München oder Berlin als auch in Kleinstädten wie dem bayerischen Pfaffenhofen oder Wenningstedt auf der Insel Sylt.

In der Regel finden diese Märkte samstags statt und stehen professionellen wie privaten Händlern gleichermaßen offen. Überall trifft der Besucher auf ein vielfältiges Angebot, so daß Flohmarktfreunde wohl immer auf ihre Kosten kommen werden.

Die Regelmäßigkeit der Veranstaltungen hat zur Folge, daß sich Sammler wie Händler genau auf die jeweiligen Termine einstellen können, und so sind viele Händler mit ihren Ständen auch stets am selben Platz anzutreffen. Es ist keine Seltenheit, daß Sammler von Comics, Postkarten oder altem Blechspielzeug am Wochenende weite Strecken im gesamten Bundesgebiet zurücklegen, immer auf der Suche nach dem Objekt ihrer ganz speziellen Begierde.

Auch im Medienbereich hat die blühende Flohmarktkultur ihre Spuren hinterlassen. Die Zeitschrift »Trödler & Sammeln« etwa, deren Redakteure diesem Buch mit Rat und Tat zur Seite standen, versorgt Flohmarktfreunde mit wichtigen Informationen über ihr Hobby und allen wichtigen Terminen in Deutschland und im angrenzenden Ausland.

Doch nun zu den Adressen:

Einkaufen an der Elbe

Kurzbeschreibung

Der Elbemarkt in Dresden entwickelt sich langsam aber sicher zur Touristenattraktion. Er liegt in unmittelbarer Nähe zur historischen Altstadt. Sein vielfältiges Angebot umfaßt guten Trödel und Sammlerstücke. Die nahegelegenen Elbwiesen laden zu einem Spaziergang ein.

Wann und Wo?

Der Flohmarkt findet von April bis Dezember jeden Samstag von 8.00 bis 14.00 Uhr statt, auch bei schlechtem Wetter. Veranstaltungsort ist das Elbufer (Käthe-Kollwitz-Ufer), unterhalb der Albertbrücke.

Warenangebot

Das Angebot besteht zu etwa 90% aus hochwertigem Trödel und Sammlerstücken. Auch Neuware darf verkauft werden.

Handelsbestimmungen

Sowohl professionelle Händler als auch Privatpersonen können ihre Waren anbieten.

Anfahrtsweg

Der Flohmarkt liegt direkt in der Stadtmitte von Dresden, etwa 1000 Meter vom Zwinger entfernt. Es empfiehlt sich, der Beschilderung »Stadtmitte« zu folgen.

Wie groß ist der Markt?

Auf dem Elbemarkt sind durchschnittlich etwa 200 Händler vertreten.

Parkmöglichkeiten

In Fußnähe sind Parkplätze vorhanden.

Standgebühr

Die Standgebühr beträgt für einen Stand von drei Metern Länge mit Pkw 25,– DM, für jeden weiteren Meter kommen 5,– DM dazu.

Freizeittips

Dampfschiffahrten auf der Elbe bei Dresden.
Adresse: Sächsische Dampfschiffahrts-
GmbH, Dresden, Tel.: 03 51 / 4 96-92 03.
Anfahrt: Die Schiffahrten beginnen am
Terrassenufer der Altstadt.
Fahrzeiten: Sie können täglich (Anfang
April bis Ende Oktober) ab 10.00 Uhr bis
18.00 Uhr mitfahren. Die Fahrten finden
im Zwei-Stunden-Takt statt.
Preise: Die Fahrten kosten für Erwachsene
ab 14,– DM, für Kinder 8,– DM.
An Bord der Schiffe können Sie picknicken
oder die Bordgastronomie nutzen.

Veranstalter

Melan macht Märkte GmbH
Pfotenhauerstr. 53
01307 Dresden
Tel.: 03 51 / 4 41 25 44
Fax: 03 51 / 4 41 25 42

Altwaren auf dem Altmarkt

Erster Sonntag im Monat

Kurzbeschreibung

Mitten in der malerischen Altstadt von Plauen, auf dem Altmarkt, bauen die 20 bis 70 Händler ihre Stände bei jeder Witterung auf. Gegen Niederschlag oder Sonne schützen sie die vom Veranstalter zur Verfügung gestellten Party-Zelte, die das Bild des Marktes prägen.

Wissenswertes

Der Markt in Plauen ist einer der wenigen Flohmärkte, der auch schon zu DDR-Zeiten stattgefunden hat.

Wann und Wo?

An jedem ersten Sonntag im Monat ist der Markt von 6.00 bis 16.00 Uhr für Anbieter und Publikum geöffnet. Winterpause ist von Dezember bis Februar. Die Veranstaltung findet im Herzen von Plauen, auf dem Altmarkt, statt. Bei großem Andrang wird das Marktgeschehen auch noch auf die Herrenstraße ausgedehnt. Die jeweils neuesten Termine sind auf dem »Trödelblatt« der Firma Thümmler zu erfahren oder über das Infotel. 0 92 81 / 4 25 50 abzufragen.

Warenangebot

Da das Verkaufen von Neuware verboten ist, kann man vor allem Trödel, Antik- und Gebrauchtwaren ergattern.

Handelsbestimmungen

Privatpersonen und professionelle Händler sind zugelassen.

Wie groß ist der Markt?

Je nach Wetter bieten zwischen 20 und 70 Händler ihre Waren feil.

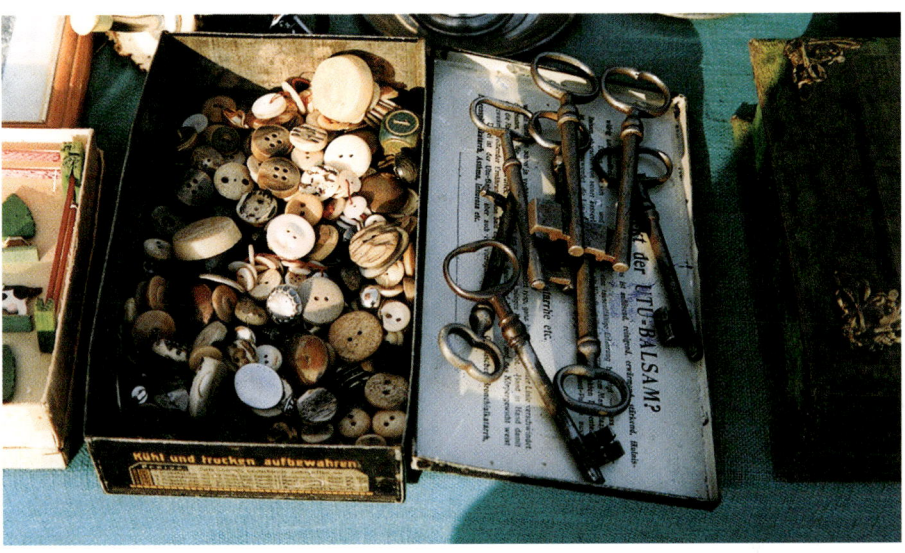

Anfahrtsweg
Über die A 72 oder die A 9 kommt man auf die B 173, die direkt nach Plauen führt.

Parkmöglichkeiten
In den angrenzenden Straßen der Altstadt kann man zum Teil kostenlos parken.

Standgebühr
Für Privatpersonen und Händler beträgt die Standgebühr pro laufendem Meter 8,– DM, für einen Stand mit Pavillion 10,– DM. Kinder erhalten Sonderpreise.

Freizeittips
Direkt am Altmarkt liegt das liebevoll restaurierte Spitzenmuseum, das die schönsten Stücke der weltbekannten »Plauener Spitzen« zur Schau stellt. Außerdem kann man einen Ausflug mit der Parkeisenbahn Syratal unternehmen.

Adresse: Parkeisenbahn Syratal, Hainstr. 10, 08523 Plauen, Tel.: 0 37 41 / 22 56 01.
Anfahrt: In der Nähe des Rathauses befindet sich der Bahnhof am Rande des Naturschutzgebietes Syratal.
Öffnungszeiten: täglich von 14.00 bis 17.00 Uhr, am Samstag, an Feiertagen und in der Sommerferienzeit Sachsens zusätzlich von 9.30 bis 12.00 Uhr.
Die Fahrten finden von Ostersamstag bis Ende Oktober statt.
Preise: Erwachsene 1,– DM, Kinder bis 14 Jahre 0,50 DM.

Veranstalter
Veranstaltungsbüro Thümmler
Postfach 15 21
95014 Hof/Saale
Tel.: 0 92 81 / 4 25 50
Fax: 0 92 81 / 4 22 81

13

10707 Berlin – Fehrbelliner Platz
Billiges in der Bundeshauptstadt

Kurzbeschreibung
Ambiente, Flair und Tradition – so könnte man den Flohmarkt am Fehrbelliner Platz in drei Worten zusammenfassen. Jedes Wochenende kommen Besucher aus der ganzen Bundeshauptstadt und Umgebung nach Berlin-Wilmersdorf, um nach Herzenslust in Trödel und Antiquitäten zu stöbern. Mit etwas Glück kann man hier noch tolle Schnäppchen machen und manch wertvolles Kleinod mit nach Hause bringen.

Wann und Wo?
Jeden Samstag und Sonntag von 5.00 bis 16.00 Uhr, auch bei schlechtem Wetter. Der Markt findet auf einem Parkplatz am Fehrbelliner Platz in Berlin-Wilmersdorf statt.

Warenangebot
Auf dem Markt wird hauptsächlich Trödel, Antiker und Nippes angeboten. Neuware darf nicht verkauft werden.

Handelsbestimmungen
Sowohl Profis als auch Privatpersonen dürfen ihre Ware verkaufen. In der Regel sind etwa gleich viele private wie professionelle Händler auf dem Flohmarkt vertreten.

Wie groß ist der Markt?
Jedes Wochenende sind auf dem Markt etwa 250 Stände zu finden.

Anfahrtsweg
Mit dem Auto ist der Markt über die Autobahnausfahrt Hohenzollerndamm zu erreichen.

14

Parkmöglichkeiten

Kostenlose Parkplätze sind in der Nähe des Marktes in ausreichender Menge vorhanden.

Standgebühr

Pro laufendem Meter muß eine Gebühr von 15,– DM entrichtet werden. Wer eine Bude mieten will, muß dafür 90,– DM bezahlen.

Freizeittips

Spree-Park Berlin.
Adresse: Spree-Park Berlin, Kiehnwerderallee 1–3, Berlin, Tel.: 0 30 / 68 83 50 oder 53 33 50.
Anfahrt: Der Eingang zum Park befindet sich in der Krugallee. Innerhalb Treptows ist der Park ausgeschildert. Nahverkehrsverbindungen: S-Bahnhof »Plänterwald« oder U-Bahnhof »Schlesisches Tor«, weiter mit dem Bus 265.
Öffnungszeiten: täglich von 9.00 bis 19.00 Uhr, im Oktober bis Einbruch der Dunkelheit.
Sie können den Park vom 8.März bis zum 26.Oktober besuchen. Im Park befindet sich ein Restaurant und eine Imbißbude.

Veranstalter

Jörg Thurmann
Germanenweg 26
14621 Schönwalde
Tel.: 0 33 22 / 24 67 23
Fax: 0 33 22 / 2 46 70

22359 Hamburg – Volksdorf

Trödeln macht Spaß

Kurzbeschreibung

Der Flohmarkt findet zu jeder Jahreszeit einmal statt – also alle drei Monate. Bei dem großen, stadtteilgebundenen Familienfest hat jeder die Gelegenheit, den häuslichen Kehraus zu versilbern.

Wissenswertes

Der 1971 gegründete Markt ist seit Jahren immer restlos ausgebucht. Die Veranstaltung wird von über 2000 ortsansässigen Familien getragen, die ihren Trödel unters Volk bringen wollen. Am Veranstaltungstag können gut 200 Familien und etwa die gleiche Anzahl von Kindern teilnehmen und ausstellen.

An die 20 000 Besucher strömen viermal im Jahr zum Marktplatz Volksdorf. Der Markt wird zum Kommunikationsplatz der Generationen – ein wahrer »Volksmarkt«. Flohmarkt pur ist das Anliegen des Organisators Siegfried Stockhecke, der dafür sorgt, daß Übriggebliebenes nach dem Markt gesammelt und zu einer gemeinnützigen Einrichtung gebracht wird. Hinzu kommt seit 1996 eine Aktion »Bücher für Schüler«. Sie dient dem Aufbau einer Schülerbibliothek mit zunehmend großem Erfolg. Die Veranstaltung ist ein modernes und doch zugleich volkstümliches Fest mit friedlich-fröhlicher Stimmung in schöner Umgebung der Hamburger Walddörfer. Dieser Markt ist weit über die Stadtgrenzen Hamburgs hinaus bekannt.

Anfahrtsweg

Um ein Verkehrschaos zu vermeiden, sollten die Marktbesucher mit dem Fahrrad, zu Fuß oder öffentlichen Verkehrsmitteln kommen (U-Bahn-Station »Volksdorf«).

Wann und Wo?

An der Halenreie bzw. an den Kattjahren in Volksdorf, der Marktfläche am U-Bahnhof, jeweils von 9.00 bis 17.00 Uhr. Die genauen Veranstaltungstermine können unter der Nummer 0 40 / 6 03 41 13 abgefragt werden.

Warenangebot

Kein Verkauf von Getränken und Lebensmitteln, Blumen oder Pflanzen. Auch Informations- und Werbestände sind nicht zugelassen. Die Vergabe an gewerbliche Händler bedarf der Rücksprache mit dem Veranstalter. Neuware ist nur in Ausnahmefällen zugelassen.

Handelsbestimmungen

Es sind nur Privatanbieter erwünscht, Profis können jedoch auch verkaufen.

Wie groß ist der Markt?

Der Markt bietet für ca. 200 Stände Platz an, hinzu kommen etwa 200 Kinder und Jugendliche mit ihren Ständen.

Parkmöglichkeiten

Parkplätze stehen nur begrenzt zur Verfügung.

Standgebühr

Die Abgabe der Standfläche erfolgt meterweise über schriftliche Anmeldung beim Veranstalter. Stände messen 2,00 Meter ohne Wagen und 4,00 Meter mit Wagen. Aufbauzeit ist von 7.00 Uhr bis 9.00 Uhr. Der laufende Meter mit Wagen dahinter kostet DM 22,50 ohne Wagen DM 15,–. Jugendliche im Alter von 14 bis einschließlich 17 Jahren bis max. 3,00 m: DM 7,50, Kinder unter 13 Jahren können ihren Stand kostenlos aufbauen. Direkte Anlieger dürfen umsonst teilnehmen.

Freizeittips

Schöner Spaziergang vom Marktplatz aus möglich, z. B. zum Museumsdorf Volksdorf.

Veranstalter

Le Bouquiniste
Siegfried Stockhecke
Postfach 670 502
22345 Hamburg
Infotel. 040 / 6 03 41 13

23558 Lübeck – City-Markt

Kramen und stöbern

Kurzbeschreibung

Da der Markt zur Hälfte im Freien und zur Hälfte überdacht ist, ist er wetterunabhängig. Um die große Nachfrage nach Gebrauchtem stillen zu können, findet der Markt inzwischen so gut wie jeden Tag statt.

Wann und Wo?

Der Markt findet montags bis freitags von 10.00 bis 16.00 Uhr, samstags von 11.00 bis 15.00 Uhr und alle zwei Monate zusätzlich am ersten Sonntag im Monat statt. Schlechtes Wetter ist dabei kein Hinderungsgrund. Veranstaltungsort ist der große Parkplatz vor dem City-Markt, Herrenholz 14 (zur Hälfte überdacht).

Warenangebot

Hauptsächlich angeboten wird privater Trödel, teilweise aber auch Neuware. Allerdings bemüht sich der Markt, ein zu großes Aufkommen an Neuwarenhändlern durch höhere Meterpreise zu vermeiden.

Anfahrtsweg

Der Markt ist direkt an der Autobahnausfahrt (A1) Lübeck-Moisling gelegen, der Anfahrtsweg ist durch Plakate ausgeschildert.

Handelsbestimmungen

Der Veranstalter legt großen Wert darauf, daß der Flohmarkt in erster Linie von Privatpersonen besucht wird. Professionelle Händler sind jedoch zugelassen.

Wie groß ist der Markt?

Auf dem Markt sind 200 bis 350 Händler vertreten.

Parkmöglichkeiten

Über 1000 Parkplätze stehen kostenlos zur Verfügung.

Öffnungszeiten: täglich von 10.00 bis
18.00 Uhr.
Eintritt: Erwachsene 6,– DM, Kinder
3,– DM. Theater: am Nachmittag auf allen
Plätzen 7,– DM, Reservierungen unter
Tel.: 04 51 / 7 00 60.

Veranstalter

C. Hochberg
Veranstaltung & Organisation
GmbH & Co KG
Waldstr.13
22926 Ahrensburg
Tel.: 0 41 02 / 3 19 39
Fax: 0 41 02 / 8 19 90

Standgebühr

Ohne Pkw kostet der laufende Meter 17,–
DM, mit Pkw 22,– DM. Händler von Neuwaren müssen 5,– DM mehr pro Meter
berappen.

Freizeittips

Museum für Puppentheater in Lübeck.
Adresse: Museum für Puppentheater in
Lübeck, Kolk 16. Tel.: 04 51 / 7 86 26.
Anfahrt: Autobahnabfahrt »Lübeck Zen-
trum« Richtung Holstentor. Das Museum
befindet sich in der Nähe des Holstentores.

25992 Sylt – Sylt-Markt

»Komm und Kiek«

Kurzbeschreibung

Gründer und Initiator der Veranstaltung ist »Le Bouquiniste« Siegfried Stockhecke. Über sich und seinen Markt meint er: »Bei mir findet man selbst das, was man gar nicht gesucht hat.« Stockhecke ist Initiator des ganz besonderen Flohmarktes, der sich »Sylt-Markt« nennt und seit 1990 abwechselnd in List, Wenningstedt und Hörnum am Wochenende von der Sylter Trödler- und Sammlerinitiative gestaltet wird. 20 bis 30 Händler nehmen jedesmal an den Märkten teil. Da es nicht immer dieselben sind, haben die Sylt-Märkte immer wieder neue Gesichter. Dazu kommen Urlauber und Insulaner, die ganz spontan die Atmosphäre als Anbieter erleben möchten.

»Sylt-Märkte sind vom Charakter her Veranstaltungen, auf denen Jugendliche und Erwachsene, Urlauber und Insulaner, Anbieter und Besucher nach Wetter, Lust und Laune einen fröhlichen Tag erleben sollen«, definiert Siegfried Stockhecke den Anspruch.

Wissenswertes

Träger des Flohmarktes sind die ca. 300 Mitglieder der Trödel- und Sammlerinitiative Sylt. Je nach Wetter kommen zwischen 1000 und 10000 Besucher zu dem Ereignis. Die Marktplätze sind sehr begehrt und deshalb meist ausgebucht. Der Markt ist eine inselspezifische, saisonale Veranstaltungsreihe der Initiative. Geradezu ein Eldorado ist der »Sylt-Markt« für alle, die sich für alte Bücher, Graphiken, Stiche, Plakate, Landkarten oder auch die Werbung von vorgestern interessieren. Der Veranstalter legt Wert darauf, daß es ein »Flohmarkt mit Anspruch« ist, daß heißt, die persönliche Atmosphäre, die von den Veranstaltern sorgsam gepflegt wird, ist das, was den Markt auszeichnet. Kommerz tritt hier in den Hintergrund.

Wann und Wo?

Faustregel, wenn es zwischen Ostern und Mitte Oktober irgendwo »Komm und Kiek« heißt: Am ersten Wochenende im Monat ist Hörnum der Veranstaltungsort, am zweiten Wenningstedt und vom dritten bis vierten List (»Trödelige Woche«). Der Markt dauert jeweils von 10.00 bis 18.00 Uhr. Genaue Termine können über das Infotel. 0 40 / 6 03 41 13 abgefragt werden.

Anfahrtsweg
Die Märkte sind gut mit dem Auto erreichbar.

Warenangebot
Neuware ist nicht erlaubt bzw. nur in Ausnahmefällen zugelassen.

Handelsbestimmungen
Sowohl Privathändler als auch Profis können ihre Waren anbieten.

Wie groß ist der Markt?
Die »Sylt-Märkte« sind nur kleine Märkte, an denen bis zu 30 Händler teilnehmen. Meist hält sich die Anzahl von Privatleuten und professionellen Händlern die Waage.

Parkmöglichkeiten
Parkmöglichkeiten in Nähe der Märkte sind vorhanden.

Standgebühr
Ein Frontmeter kostet 10,– DM bei einer Tiefe von 2,00 Meter bis 4,00 Meter, für Jugendliche zwischen 14 und 18 Jahren kostet der Frontmeter 5,– DM, Kinder bis 13 Jahren können ihren Stand bis zu einem Meter kostenlos aufbauen. »Profi-Stände« kosten 10,– DM Grundgebühr.
Auf den »Tschüß-Märkten«, jeweils die letzten im Jahr, ist ein Stand bis zu 3,00 Meter für Privatanbieter kostenlos.

Freizeittips
Am Hörnumer und Lister Hafen ist die Nordsee zum Greifen nahe. Ausflugsdampfer laden zu einer Fahrt aufs offene Meer ein. Ansonsten läßt es sich bei einer frischen Brise auch in Wenningstedt herrlich durch die Dünen wandern oder Fischbrötchen essen. Sollte die Nordsee zum Baden zu kalt sein, so kann man auf das Freizeitbad Sylter Welle in Westerland ausweichen.
Adresse: Sylter Welle an der Strandpromenade Westerland/Sylt, Tel.: 0 46 51 / 9 98-0.
Anfahrt: Westerland liegt in der Mitte der Insel Sylt. Das Bad ist im Ort ausgeschildert.
Öffnungszeiten: 10.00 bis 22.00 Uhr.
Eintritt: Erwachsene ab 17,– DM (2 Stunden), Jugendliche 8,50 DM.
Im Bad befindet sich ein Bistro.

Veranstalter
Le Bouquiniste
Siegfried Stockhecke
Postfach 67 05 02
22345 Hamburg
Infotel.: 0 40 / 6 03 41 13

Die Mischung macht's

Kurzbeschreibung

Der Markt auf der Bürgerweide zählt wohl zu den größten, regelmäßigen Märkten in Deutschland. Bei der Bürgerweide handelt es sich um die große Freifläche vor den neuen Messehallen (Stadthalle). Der Platz liegt unweit der Bremer Innenstadt, direkt hinter dem Nordausgang des Hauptbahnhofs. Seine Attraktivität und sein Flair bezieht der Markt aus der gelungenen Mischung von regelmäßigen Anbietern und Privatpersonen, die nur ein- oder zweimal pro Jahr ihre alten Waren feilbieten.

Wissenswertes

Der Markt kann mittlerweile auf eine über zwanzigjährige Tradition zurückblicken. Der Markt ist für die Bremer Bürger ein sonntägliches Freizeitvergnügen, das aus dem kulturellen Leben nicht mehr wegzudenken ist.

Das Einzugsgebiet hat sich im Laufe der Jahre über die Stadtgrenzen hinaus verschoben, so daß an sonnigen Tagen bis zu 20000 Besucher den Markt zum Bummeln, Stöbern und Kaufen nutzen.

Nicht mehr wegzudenken ist »Ernie«: Schon zur Institution geworden ist der Händler, der von Anfang an dabei ist (siehe Foto).

Veranstalter
Breminale GmbH
Am Deich 68/69
28199 Bremen
Tel.: 04 21 / 50 05 03
Fax: 04 21 / 50 05 93

Wann und Wo?
Jeden Sonntag von 7.00 bis 14.00 Uhr, auch bei schlechtem Wetter. Wenn andere Veranstaltungen den Platz belegen, fällt der Markt ausnahmsweise aus, deshalb: Vorankündigungen beachten!
(Hotline Tel. 04 21 / 59 41 27).
Die Zufahrt zum Gelände wird um 4.00 Uhr geöffnet, der Platz muß bis 15.00 Uhr geräumt sein.

Anfahrtsweg
Aus Richtung Norden: Autobahnausfahrt Bremen – Vahr (A27), aus Richtung Süden: Ausfahrt Bremen – Hemelingen (A1). Im Bremer Stadtgebiet einfach der Ausschilderung »Stadthalle« folgen. Die Zufahrt zum Messegelände erfolgt ausschließlich über die Theodor-Heuß-Allee.

Warenangebot
Neuware, Lebensmittel und lebende Tiere dürfen nicht verkauft werden. So reicht das Warenangebot von antiken Möbeln und Sammlerstücken aller Art über Trödel, Textilien und Werkzeuge bis hin zu Tonträgern und Computerzubehör.

Wie groß ist der Markt?
Je nach Witterung zwischen 200 und 700 Händler.

Parkmöglichkeiten
Direkt angrenzend an die Bürgerweide befindet sich ein Parkplatz mit ca. 2500 Einstellplätzen. Die Parkgebühr beträgt DM 3,–.

Handelsbestimmungen
Aufgrund der Bestimmungen des Ladenschlußgesetzes ist das gewerbliche Handeln auf dem Markt untersagt, es sind also ausschließlich Privatpersonen zugelassen.

Standgebühr
7,– DM pro laufendem Meter, bzw. 10,– DM an den rotgepflasterten Hauptwegen. Bei einer Standtiefe über 1 Meter werden pauschal 7,– DM hinzugerechnet. Fahrzeuge können gegen eine Gebühr von 10,– DM für Pkw, 15,– DM für Kleinbusse und Kleinlaster sowie 5,– DM für Anhänger direkt hinter dem Stand abgestellt werden.

Freizeittips
Direkt neben dem Flohmarkt, Am Bahnhofsplatz 13, befindet sich das Überseemuseum.

23

Antikes neben dem Flughafen

Kurzbeschreibung

Die Antik- und Trödelbörse in Bremen zeichnet sich besonders durch ihr großes Angebot an antiken Möbeln und Geschirr aus.

Wann und Wo?

Der Markt findet jeweils samstags von 8.00 bis 14.00 Uhr statt. Das Wetter spielt dabei keine Rolle, da auch Hallen zur Verfügung stehen. Veranstaltungsort ist das Gelände der Großmarkt Bremen GmbH neben dem Flughafen.

Warenangebot

Auf dem Markt finden sich Altwaren und Trödel, Neuwaren dürfen nicht verkauft werden.

Handelsbestimmungen

Aufgrund der Bestimmungen des Ladenschlußgesetzes ist das gewerbliche Handeln auf dem Markt untersagt, es sind also ausschließlich Privatpersonen zugelassen.

Parkmöglichkeiten

Auf dem Marktgelände stehen kostenlose Parkplätze zur Verfügung.

Wie groß ist der Markt?

Jeden Samstag bieten etwa 150 Händler ihre Waren an.

Anfahrtsweg

Die Antik- und Trödelbörse ist über die Autobahn und großzügig ausgebaute Straße gut mit dem Auto zu erreichen. Auch eine Anbindung an öffentliche Verkehrsmittel besteht.

Standgebühr

Pro laufendem Meter wird eine Standgebühr von 6,– DM erhoben.

Veranstalter

Großmarkt Bremen GmbH
Paul-Feller-Str. 25
28199 Bremen
Tel.: 04 21 / 53 68 2-0
Fax: 04 21 / 53 68 2-20

28757 Bremen – Loggermarkt

Maritimes für Seebären und Landratten

Kurzbeschreibung
Beim Bremer Loggermarkt handelt es sich um einen maritimen Flohmarkt.

Wann und Wo?
Der Loggermarkt findet zweimal jährlich an einem Sonntag von 8.00 bis 14.00 Uhr statt, auch bei schlechtem Wetter. Die genauen Termine sind beim Veranstalter zu erfragen. Veranstaltungsort ist die Weserpromenade in Bremen-Nord (Stadtteil Vegesack).

Warenangebot
Das Angebot umfaßt Alt- und Trödelwaren, Neuwaren dürfen nicht verkauft werden.

Handelsbestimmungen
Als Händler sind ausschließlich Privatpersonen zugelassen, gewerbliches Handeln ist nicht gestattet.

Wie groß ist der Markt?
Etwa 100 Händler sind auf dem Loggermarkt vertreten.

Parkmöglichkeiten
Ausreichende Parkmöglichkeiten sind vorhanden.

Standgebühr
Pro laufendem Meter sind 6,– DM Standgebühr zu entrichten.

Anfahrtsweg
Der Loggermarkt ist über die A 27 und die B 74 gut zu erreichen. Alternativ kann auch die Weserfähre Lamwerder genommen werden.

Veranstalter
Großmarkt Bremen GmbH
Paul-Feller-Str. 25
28199 Bremen
Tel.: 04 21 / 53 68 2-0
Fax: 04 21 / 53 68 2-20

25

Riesenangebot an der Weser

Kurzbeschreibung

Der Weserflohmarkt ist der älteste regelmäßige Flohmarkt in Bremen. Zahlreiche Schnäppchenjäger bummeln jeden Samstag über die Weserpromenade, in der Hoffnung, einen günstigen Einkauf machen zu können.

Wann und Wo?

Jeden Samstag von 8.00 bis 14.00 Uhr, unabhängig vom Wetter. Veranstaltungsort ist die Weserpromenade in der Bremer Innenstadt.

Warenangebot

Auf dem Flohmarkt finden sich Altwaren und Trödel, aber auch Neuware.

Handelsbestimmungen

Neben Privatpersonen sind auch professionelle Händler zugelassen.

Wie groß ist der Markt?

Jeden Samstag sind auf dem Weserflohmarkt etwa 150 Händler vertreten.

Parkmöglichkeiten

Parkmöglichkeiten bestehen in den zahlreichen Parkhäusern und Parkplätzen in der Bremer Innenstadt.

Standgebühr

Für Trödel wird eine Standgebühr von 6,– DM pro laufendem Meter erhoben, für Neuware fallen 12,– DM an.

Anfahrtsweg

Der Weserflohmarkt ist aus allen Richtungen gut anfahrbar. Da er in der Stadtmitte liegt, einfach der Beschilderung »Zentrum« folgen.

Veranstalter

Großmarkt Bremen GmbH
Paul-Feller-Str. 25
28199 Bremen
Tel.: 04 21 / 53 68 2-0
Fax: 04 21 / 53 68 2-20

Vom Tier- zum Trödelmarkt

Kurzbeschreibung

Den Markt in Verl gibt es seit über 30 Jahren, zunächst als Tiermarkt, später auch als Flohmarkt.

Wissenswertes

Ursprünglich war der Markt in Verl ein reiner Tiermarkt, der viele Händler und Besucher aus der Umgebung anzog. Schnell gesellten sich sog. fliegende Händler an den Rand des Marktes. Ihr Geschäft ging gut, und so ergab es sich, daß heute neben dem Tier- auch ein Trödelmarkt stattfindet. Die Kombination beider Märkte macht das Besondere dieses Marktgeschehens aus.

Wann und Wo?

Jeden ersten Samstag im Monat von 6.00 bis 14.00 Uhr, auch bei schlechtem Wetter. Veranstaltungsort ist die Ostwestfalenhalle Kaunitz, Paderborner Straße 408, 33415 Verl-Kaunitz. Der Markt findet sowohl in der Halle als auch auf dem Freigelände statt.

Warenangebot

Verkaufsschwerpunkte des Marktes sind Tiere und Trödel. Dennoch darf auch Neuware verkauft werden, in erster Linie Produkte für Hobbys oder aus Hobbytätigkeiten.

Handelsbestimmungen

Privatpersonen und professionelle Händler sind zugelassen.

Wie groß ist der Markt?

Durchschnittlich sind etwa 500 Händler auf dem Markt vertreten.

Parkmöglichkeiten

Ein großer Teil der Parkplätze ist öffentlich und daher kostenlos. Für die privat bewirtschafteten Stellplätze ist eine Gebühr von 3,– DM zu entrichten.

Standgebühr

Pro laufendem Meter wird eine Gebühr von 6,– DM erhoben.

Anfahrtsweg

Verl ist sowohl über die A 2 (Ausfahrt Gütersloh) als auch über die A 33 (Ausfahrt Hövelhof/Sennelager) zu erreichen.

Veranstalter

Gemeinde Verl – Ordnungsamt
Paderborner Str. 3
33415 Verl-Kaunitz
Tel.: 0 52 46 / 96 10
Fax: 0 52 46 / 96 11 59

34131 Kassel – Messehallen
Vom Profi organisiert

Kurzbeschreibung

Richard Rode, der Veranstalter des Flohmarkts in den Kasseler Messehallen, war der erste Profiveranstalter von Flohmärkten in Deutschland. Seit 1973 widmet er sich dieser Aufgabe. Der Flohmarkt besticht Händler und Besucher gleichermaßen durch sein tolles Flair und ein vielfältiges Angebot, das auch Kunsthandwerk mit einschließt.

Wann und Wo?

Der Flohmarkt findet in der Regel einmal pro Monat an einem Wochenende (Samstag und Sonntag) jeweils von 10.00 bis 17.00 Uhr statt. Da er in den Messehallen in Kassel stattfindet, ist der Markt wetterunabhängig. Die genauen Termine sind beim Veranstalter zu erfragen.

Warenangebot

Auf dem Flohmarkt findet sich ein großes Angebot an Alt- und Trödelwaren, Neuware darf nur verkauft werden, wenn es sich um Kunsthandwerk handelt.

Handelsbestimmungen

Sowohl professionelle Händler als auch Privatpersonen dürfen ihre Ware verkaufen.

Anfahrtsweg
In Kassel der Beschilderung »Messe« folgen.

Wie groß ist der Markt?
Durchschnittlich sind auf dem Markt jedes Mal etwa 600 bis 700 Händler vertreten.

Parkmöglichkeiten
Kostenlose Parkplätze sind vorhanden.

Standgebühr
Pro laufendem Meter wird eine Gebühr von 20,– DM erhoben.

Freizeittips
Die Kurhessen-Therme in Kassel.
Adresse: Kurhessen-Therme, Wilhelmshöher Allee, Tel.: 05 61 / 31 80 80.

Anfahrt: Am einfachsten erreicht man das Bad mit der S-Bahn Linie I (Haltestellen »Kurhessen-Therme« oder »Betriebsbahnhof«). Für Autofahrer ist das Bad in der Innenstadt Kassels gut ausgeschildert.
Öffnungszeiten: täglich von 9.00 bis 23.00 Uhr, mittwochs, freitags und samstags bis 24.00 Uhr.
Eintritt: 18,– DM für eine Stunde, 21,– DM für zwei Stunden, 28,50 DM für vier Stunden, ganztägig 48,– DM.
Im Naß- und Trockenbereich gibt es Restaurants.

Veranstalter
Messebüro Rode
Carl-Bantzer-Str. 7
34613 Schwalmstadt
Tel.: 0 66 91 / 60 10
Fax: 0 66 91 / 60 19

45472 Mülheim – Am Förderturm

Allerhand Tand

Kurzbeschreibung
Der Flohmarkt am Förderturm in Mülheim ist einer der meistbesuchten Märkte im Ruhrgebiet.

Wann und Wo?
Der Markt findet einmal pro Monat jeweils am letzten Wochenende des Monats statt, auch bei schlechtem Wetter. Verkauf ist von 11.00 bis 18.00 Uhr. Veranstaltungsort ist der Parkplatz des Stinnes-Baumarkts, Am Förderturm, 45472 Mülheim.

Warenangebot
Neben Alt- und Trödelwaren darf auch Neuware verkauft werden.

Handelsbestimmungen
Sowohl professionelle Händler als auch Privatpersonen bieten ihre Ware an.

Wie groß ist der Markt?
Durchschnittlich sind etwa 200 Händler auf dem Markt vertreten.

Anfahrtsweg
Der Markt liegt direkt an der A 430, der Weg zum Baumarkt ist mit Plakaten gekennzeichnet.

Parkmöglichkeiten
Eine ausreichende Menge an Parkplätzen ist vorhanden. Diese sind jedoch nur z.T. kostenlos, sonst wird eine Parkgebühr von 2,– DM erhoben.

Standgebühr
Für jeden Stand ist ein Grundgebühr von 10,– DM zu entrichten. Darüber hinaus beträgt die Gebühr 20,– DM pro laufendem Meter für Trödel, 30,– DM für Neuware und 35,– DM für Textilien.

Freizeittips

Freizeitbad Tauris in Mülheim-Kärlich.
Adresse: Freizeitbad Tauris, Judengäßchen 2,
Mülheim-Kärlich, Tel.: 0 26 30 / 40 77.
Anfahrt: B 9 Koblenz-Andernach bis Mül-
heim-Kärlich. Das Bad ist ausgeschildert.
Öffnungszeiten: Montag von 15.00 bis
22.00 Uhr, Dienstag bis Samstag von
10.00 bis 22.00 Uhr, Sonn- und Feiertag
von 9.00 bis 21.00 Uhr.
Eintritt: zeitliche Staffelung, Erwachsene
12,– DM (4 Stunden), Kinder 9,– DM.
Im Bad befindet sich ein Restaurant.

Veranstalter

KUP Veranstaltungsbüro
Lindenstr. 32
44869 Bochum
Tel.: 02 09 / 27 31 03
Fax: 02 09 / 27 31 05

50735 Köln – Flora-Markt

Antiquitäten im Botanischen Garten

Kurzbeschreibung
Der Flora-Markt in Köln findet seit zehn Jahren statt. Er lockt jedes Mal eine Vielzahl von Antiquitätenliebhabern in den Botanischen Garten.

Wann und Wo?
Jeweils Ostersonntag und Ostermontag zwischen 11.00 und 18.00 Uhr sowie am ersten und zweiten Weihnachtsfeiertag zwischen 11.00 und 18.00 Uhr. Veranstaltungsort ist der Flora-Festsaal im Botanischen Garten in Köln-Riehl.

Warenangebot
Auf dem Markt finden sich ausschließlich Antiquitäten, der Verkauf von Neuware ist nicht gestattet.

Handelsbestimmungen
Sowohl Händler als auch Privatpersonen dürfen ihre Waren anbieten.

Wie groß ist der Markt?
Jedes Mal sind auf dem Markt etwa 100 Händler vertreten.

Parkmöglichkeiten
Eine ausreichende Menge an kostenlosen Parkplätzen steht für Besucher und Händler direkt am Botanischen Garten zur Verfügung.

Standgebühr
Pro laufendem Meter wird eine Gebühr von 50,– DM pro Tag erhoben.

Freizeittips
Das Schokoladen Museum.
Adresse: Imhoff-Stollwerk-Museum, Rheinauhafen 1a, Tel.: 02 21 / 93 18 88-0.
Anfahrt: Das Museum befidet sich am linken Rheinufer zwischen der Severins- und Deutzer Brücke.
Öffnungszeiten: Montag bis Freitag von 10.00 bis 18.00 Uhr, samstags und sonntags von 11.00 bis 19.00 Uhr.
Eintritt: Erwachsene 10,– DM, Kinder 5,– DM, Kinder unter sechs Jahren sind frei.
Im Museum befinden sich ein Café und ein Restaurant.

Anfahrtsweg
Der Botanische Garten liegt direkt neben dem Kölner Zoo, der in ganz Köln ausgeschildert ist.

Veranstalter
Kopp Veranstaltungs GmbH
Homburger Str. 22
50969 Köln-Zollstock
Tel.: 02 21 / 36 47 03
Infotel.: 02 21 / 36 55 00
Fax: 02 21 / 3 60 56 67

52078 Aachen – Markthalle
Handel statt Herstellung

Kurzbeschreibung
Der Markt findet in einer alten, ausgedienten Industriehalle statt, in der heute nichts mehr hergestellt wird. Mit seinem bunten Warenangebot bietet er für Händler und Bummler gleichermaßen ein tolles Flair.

Wann und Wo?
Jeden Samstag von 8.00 bis 16.00 Uhr, auch bei schlechtem Wetter, da der Markt in einer alten Industriehalle stattfindet und so völlig überdacht ist. Veranstaltungsort ist die Aachener Markthalle in der Liebigstraße 40.

Warenangebot
Auf dem Flohmarkt in den Aachener Markthallen findet der Besucher ein vielfältiges Angebot vor. Waren aller Art, auch Neuware, sind dort zu erwerben.

Handelsbestimmungen
Sowohl professionelle Händler als auch Privatpersonen können ihre Waren anbieten.

Anfahrtsweg
Der Flohmarkt ist am besten über die A 544 zu erreichen. Am Aachener Kreuz Richtung Aachen fahren.

Wie groß ist der Markt?
Etwa 150 Händler sind jeden Samstag auf dem Markt vertreten.

Parkmöglichkeiten
Kostenlose Parkplätze gibt es direkt in der Nähe des Flohmarktes.

Standgebühr
Für Trödel beträgt die Standgebühr 10,– DM pro laufendem Meter, für Neuware 15,– DM. Grundgebühr gibt es keine.

Veranstalter
Melan macht Märkte
Veranstaltungs GmbH
Schumannstr. 33
52146 Würselen
Tel.: 0 18 05 / 21 12 66
Fax: 0 18 05 / 21 12 67

53225 Bonn – Rheinaue

Mitten im Freizeitpark

Kurzbeschreibung

Den Flohmarkt in Bonn gibt es seit Anfang der 70er Jahre, seit Mitte der 80er Jahre findet er in der Rheinaue statt.

Wann und Wo?

Der Flohmarkt findet von April bis Oktober jeweils am dritten Samstag im Monat statt, auch bei schlechtem Wetter. Mit dem Aufbau der Stände kann ab Freitag, 16.00 Uhr begonnen werden. Verkauf ist samstags von 8.00 bis 18.00 Uhr. Veranstaltungsort ist der Freizeitpark Rheinaue, am Rheinufer und am See im Erholungspark.

Warenangebot

Auf dem Flohmarkt Rheinaue wird ausschließlich Altware angeboten, Neuware darf nicht verkauft werden.

Handelsbestimmungen

Als Verkäufer sind ausschließlich Privatpersonen zugelassen, professionelle Händler dürfen ihre Ware nicht verkaufen.

Wie groß ist der Markt?

Auf dem Markt sind 1200 bis 1400 Händler vertreten.

Anfahrtsweg

Die Autobahn über die Ausfahrt »Rheinaue« verlassen. Vorsicht: Der Flohmarkt ist mit dem Auto nicht direkt zu erreichen! Die Händler transportieren ihre Waren auf Handwägen, fahrbaren Tapetenwägen, Leiterwägen oder ähnlichen Transportmitteln. Besucher können den Flohmarkt mit den öffentlichen Verkehrsmitteln (Stadtbahn Nr. 66 und Bus Nr. 610) gut erreichen.

Parkmöglichkeiten

Leider sind so gut wie keine Parkmöglichkeiten vorhanden.

Standgebühr

Bis 2,00 Meter Standfront wird eine Gebühr von 15,– DM erhoben, bis 3,00 Meter Standfront sind 25,– DM zu entrichten. Jeder weitere Meter kostet 25,– DM. Kinder und Jugendliche bis 14 Jahre müssen keine Standgebühr entrichten.

Freizeittips

Zoologisches Museum in Bonn.
Adresse: Zoologisches Forschungsinstitut und Museum Alexander König, Adenauerallee 160, Tel.: 02 28 / 9 12 20.
Anfahrt: Mit der U-Bahn zur Haltestelle »Museum König«. In derselben Straße finden Sie auch das »Haus der Geschichte der Bundesrepublik Deutschland«.
Öffnungszeiten: An Feiertagen und montags ist das Museum geschlossen. Dienstag bis Freitag 9.00 bis 17.00 Uhr, Samstag 9.00 bis 12.30 Uhr, Sonntag 9.30 bis 17.00 Uhr.

Eintritt: Erwachsene 4,– DM, Kinder 2,– DM.
In den nahen Rheinauen können Sie herrlich picknicken oder einen Spaziergang am Rhein entlang unternehmen.

Veranstalter

Stadtverwaltung Bonn
Marktamt der Bundesstadt Bonn
Berliner Platz 2
53103 Bonn
Tel.: 02 28 / 7 71
Infotel.: 02 28 / 77 26 36
Fax: 02 28/77 46 46

60594 Frankfurt – Schaumainkai

Pariser Flair am Main

Kurzbeschreibung

Der Flohmarkt am Frankfurter Schaumainkai liegt unter Platanen längs des Mains, in einer für den Autoverkehr gesperrten Straße. Direkt in der Nähe sind Frankfurts schönste Museen zu finden, die den Marktbesucher nach getätigtem Handel zu einer Besichtigung einladen.

Wissenswertes

Ursprünglich wurde der Markt veranstaltet, um das immer weiter wuchernde Bankenviertel auch außerhalb der Bürozeiten wieder mit Leben und Menschen zu füllen.

Wann und Wo?

Jeden Samstag von 8.00 bis 14.00 Uhr, auch bei schlechtem Wetter. Der Markt befindet sich am Museumsufer Schaumainkai zwischen Alter Brücke und Holbeinsteg.

Warenangebot

Angeboten werden unter anderem Trödel und Kunsthandwerk.

Handelsbestimmungen

Sowohl professionelle Händler als auch Privatpersonen dürfen ihre Waren anbieten.

Wie groß ist der Markt?

Durchschnittlich sind zwischen 400 und 600 Händler auf dem Schaumainkai vertreten.

Parkmöglichkeiten

In der Walter-Kolb-Straße befindet sich ein Parkhaus, kostenlose Parkplätze sind leider nicht vorhanden.

Anfahrtsweg

Um den Flohmarkt zu erreichen, folgt man zunächst der Beschilderung »Stadtmitte«, dann weiter Richtung »Sachsenhausen« und »Museumsufer.«

36

Außerdem die Buslinie 32 und die U-Bahn-Linien 6 und 7 (Haltestelle »Bockenheimer Warte«).
Öffnungszeiten: täglich von 9.00 bis 17.00 Uhr, mittwochs bis 20.00 Uhr, an Feiertagen, samstags und sonntags ist bis 18.00 Uhr geöffnet.
Eintritt: Erwachsene 7,– DM, Kinder 3,– DM. Im Museum befindet sich ein italienisches Restaurant.

Veranstalter

Der Veranstalter des Flohmarktes ist die Stadt Frankfurt, mit der Durchführung betraut ist:
Melan macht Märke
Veranstaltungs GmbH
Postfach 70 07 11
60557 Frankfurt am Main
Marktbüro Schaumainkai/
Ecke Dürerstraße
Tel.: 0 69 / 62 80 80
Fax: 0 69 / 62 31 49

Standgebühr

Zunächst fällt eine Grundgebühr von 7,– DM an. Stände zwischen einem und drei Metern Länge kosten 13,– DM pro laufendem Meter, ab dem vierten Meter wird eine Gebühr von 19,– DM pro Meter erhoben.

Freizeittips

Naturmuseum Senckenberg in Frankfurt am Main.
Adresse: Naturmuseum Senckenberg, Senckenberganlage 25, Tel.: 0 69 / 7 54 20.
Anfahrt: Das Museum liegt in der Innenstadt und ist vom Bahnhof in einem 15minütigen Fußmarsch zu erreichen. Die Straßenbahnlinien 16 und 19 (Haltestelle »Messe«) bringen Sie auch zum Museum.

37

63065 Offenbach/Main – Markttreiben am Mainufer

Bummeln unter Bäumen

Kurzbeschreibung

Der Flohmarkt erstreckt sich über zwei Kilometer am Mainufer entlang.
Im Schatten von Bäumen gelegen, lädt er auch an heißen Sommertagen zum ausgedehnten Bummeln ein.

Wann und Wo?

Jeden Samstag von 8.00 bis 14.00 Uhr, auch bei schlechtem Wetter. Veranstaltungsort ist das Mainufer zwischen Carl-Ulrich-Brücke und Friedhofstraße.

Warenangebot

Zu finden ist größtenteils Trödel. Neuware darf nicht verkauft werden.

Handelsbestimmungen

Private und professionelle Händler sind gleichermaßen willkommen.

Wie groß ist der Markt?

Auf dem Flohmarkt können bis zu 400 Händler vertreten sein.

Anfahrtsweg

Der Flohmarkt ist zunächst über die Stadtmitte von Offenbach zu erreichen. Von dort aus der Ausschilderung »Messe« folgen.

Parkmöglichkeiten

Kostenlose Parkplätze sind direkt am Gelände unterhalb der Carl-Ulrich-Brücke vorhanden.

Standgebühr

Für einen Stand von drei Metern Länge wird pauschal eine Gebühr von 20,– oder 40,– DM erhoben, je nach Lage des Standes.

Freizeittips

Deutsches Leder- und Schuhmuseum Offenbach.
Adresse: Deutsches Leder- und Schuhmuseum, Frankfurter Straße 86, 63067 Offenbach.
Öffnungszeiten: täglich von 10.00 bis 17.00 Uhr.

Veranstalter

Veranstalter des Flohmarkts ist die Stadt Offenbach,
mit der Durchführung betraut ist:
Melan macht Märkte
Veranstaltungs GmbH
Mainstraße/ Ecke Speyerstraße
63065 Offenbach
Tel.: 069/811193

39

Internationales Flair vor historischer Kulisse

Kurzbeschreibung

Der Flohmarkt in Limburg/Lahn besticht zugleich durch seine Tradition und die historische Kulisse der weltbekannten Domstadt. 1970 erstmals durchgeführt, besitzt der Flohmarkt mittlerweile internationalen Charakter. Neben zahlreichen deutschen Händlern aus Ost und West, zieht der Markt auch Gäste aus Holland und Österreich an.

Wissenswertes

Am Markttag wird die ganze Innenstadt von Limburg zu einem einzigen Flohmarkt, sie ist an diesem Tag für den Durchgangsverkehr gesperrt. Manchmal bis zu 1200 Stände preisen alles an, was nicht niet- und nagelfest ist, und laden zu einem ausgedehnten Bummel durch Limburgs Altstadt ein. Allein im Jahre 1997 nutzten rund 50000 Besucher den Flohmarkt zum Stöbern und Kaufen.

Wann und Wo?

Der Flohmarkt in Limburg findet nur einmal im Jahr, am ersten Sonntag im September, von 9.00 bis 16.00 Uhr statt, das aber auch bei schlechtem Wetter. Abgehalten wird der Markt auf 19 Straßen und Plätzen der Alt- und Innenstadt von Limburg.

Anfahrtsweg

Die Autobahn Frankfurt/Köln (A 3) an der Ausfahrt Limburg verlassen, in Limburg der Beschilderung »Innenstadt« folgen.

Warenangebot

Das Warenspektrum reicht von Trödel über Bücher, Bekleidung und Spielsachen bis hin zu Antiquitäten. Neuware darf nicht verkauft werden.

Handelsbestimmungen

Sowohl Privatpersonen als auch professionelle Händler sind zugelassen. In der Regel sind etwa 75% der Anbieter Privatpersonen.

Wie groß ist der Markt?

Durchschnittlich sind 800 Händler auf dem Markt vertreten.

Parkmöglichkeiten

Kostenlose Parkplätze für Besucher gibt es am Stadtrand. Von dort sind es etwa fünf bis zehn Minuten Fußweg zum Flohmarkt. Händler dürfen zwar zum Auf- und Abbau mit dem Wagen vorfahren, allerdings dürfen im Flohmarktbereich keine Fahrzeuge abgestellt werden.

Standgebühr

Ein Stand von 2,00 x 2,00 Meter Verkaufsfläche kostet 15,– DM, für einen Stand von 2,00 x 4,00 Meter Verkaufsfläche müssen 35,– DM entrichtet werden. Standausweise werden ab Juli im Vorverkauf vergeben. Pro Person können höchstens zwei Plätze erworben werden. Achtung: Meist sind innerhalb von 90 Minuten alle Plätze verkauft!

Freizeittips

Limburgs Altstadt bietet dem Besucher eine Menge alter Fachwerkhäuser. Rund um den sehenswerten Dom mit seinen restaurierten Fresken liegen Jahrhunderte alte Fachwerkhäuser.

Veranstalter

City-Ring e.V.
Postfach 1421
65534 Limburg/Lahn
Tel.: 0 64 31 / 62 83
Fax: 0 64 31 / 84 81

67069 Ludwigshafen – Flohmarkt Oppau

Hier darf getrödelt werden

Kurzbeschreibung
Den Flohmarkt in Ludwigshafen-Oppau gibt es seit 1993. Es handelt sich um einen Nachmittagsmarkt mit offenem Ende.

Wann und Wo?
Der Flohmarkt findet das ganze Jahr hindurch jeweils samstags statt. Der Aufbau beginnt ab 12.00 Uhr, mit dem Verkauf darf ab 13.00 Uhr begonnen werden. Auch wenn das Gelände nicht überdacht ist, findet der Flohmarkt bei jedem Wetter statt. Veranstaltungsort ist der Neue Meßplatz an der Edigheimer Straße in Ludwigshafen-Oppau.

Warenangebot
Neben Neuware finden sich alle gängigen Flohmarktwaren.

Handelsbestimmungen
Professionelle Händler und Privatpersonen sind gleichermaßen herzlich willkommen.

Wie groß ist der Markt?
Je nach Witterung bieten 50 bis 100 Händler ihre Ware an.

Parkmöglichkeiten
Kostenlose Parkplätze sind am Flohmarktgelände vorhanden.

Standgebühr
Für Verkäufer von Trödel beträgt die Standgebühr 12,– DM pro laufendem Meter, bei Neuware 16,– DM pro laufendem Meter.

Freizeittips
Friedrich-Ebert-Park und Friedenspark in Ludwigshafen.
Adresse: Der Friedrich-Ebert-Park liegt an der Erzberger Straße in der Nähe der Eberthalle. Sie ist im Stadtgebiet ausgeschildert. Der Friedenspark befindet sich in der Nähe des Rathauses und des Stadtmuseums.
Öffnungszeiten: Friedrich-Ebert-Park: frei, Friedenspark: 10.00 bis 18.00 Uhr.

Anfahrtsweg
Zu erreichen ist der Flohmarkt über die Autobahn Mannheim-Saarbrücken (A 6), Ausfahrt Ludwigshafen-Nord.

Veranstalter
Rosa Klamt
Rüdigerstr. 19
67069 Ludwigshafen
Tel.: 06 21 / 66 44 44

42

Wetterunabhängige Tradition

Kurzbeschreibung

Der Flohmarkt auf dem Gelände des Ruef C + C Großmarkts ist sehr beliebt und sehr gut besucht. Er ist ein typischer traditioneller Floh- und Trödelmarkt in angenehmer Atmosphäre. Da der Platz überdacht ist, ist der Markt wetterunabhängig. Auch für das leibliche Wohl von Besuchern und Händlern ist bestens gesorgt.

Wann und Wo?

Der Flohmarkt wird alle 14 Tage samstags zwischen 14.00 und 21.00 Uhr abgehalten. Da der Platz überdacht und bei Dunkelheit auch beleuchtet ist, findet der Markt bei jedem Wetter statt. Veranstaltungsort ist der Parkplatz des Ruef C + C Großmarkts in der Karl-Wüst-Straße 15 in Heilbronn.

Warenangebot

Auf dem Flohmarkt findet sich ein buntgemischtes Warenangebot von A wie Antik bis Z wie Zahnbürste. Der Verkauf von Neuware ist nicht gestattet.

Handelsbestimmungen

Sowohl Privatpersonen als auch professionelle Händler dürfen ihre Ware anbieten.

Wie groß ist der Markt?

Durchschnittlich sind zwischen 150 und 200 Händler auf dem Flohmarkt vertreten.

Parkmöglichkeiten

Kostenlose Parkplätze stehen in ausreichender Menge zur Verfügung.

Standgebühr

Pro laufendem Meter wird eine Standgebühr von 15,– DM erhoben. Fahrzeuge können kostenlos am Stand abgestellt werden.

Anfahrtsweg

Der Platz befindet sich zwischen den beiden Autobahnausfahrten Heilbronn/Obereisesheim (A 6) und Heilbronn/Neckarsulm (A 81/A 6).

Freizeittips

Rundfahrten auf dem Neckar bei Heilbronn. Adresse: Personenschiffahrt Stumpf. Abfahrt: Anlegestelle an der Friedrich-Ebert-Brücke, 74072 Heilbronn. Das ganze Jahr hindurch finden Rundfahrten statt, z. B. von Heilbronn nach Heidelberg oder die Vierburgenfahrt.

Veranstalter

Agentur S. Haselberger
Marktveranstaltungen
Lerchenstr. 6
74072 Heilbronn
Tel.: 0 71 31 / 96 34 09
Fax: 0 71 31 / 96 34 35

43

76530 Baden-Baden –
Flohmarkt in der Kaiserallee
Vom Vorläufer zum Evergreen

Kurzbeschreibung

Gut bedacht findet der Markt unter hundertjährigen Bäumen entlang der Oos statt. Nicht nur dadurch, sondern auch durch ein Autoverbot auf dem Marktgelände, erhält der Markt sein besonderes, »bewährtes« Ambiente.

Wissenswertes

Schon bevor die Flohmarktwelle in den 70er Jahren über Deutschland hinweg-schwappte, existierte bereits der Flohmarkt in Baden-Baden. Er gehört somit zu den Vorläufern und hat bis heute nichts von seiner Attraktivität eingebüßt.

Wann und Wo?

Während der Freiluftsaison zwischen Ende April und Mitte Oktober findet der Markt siebenmal statt. Die genauen Termine können beim Veranstalter direkt erfragt werden. Verschoben wird der Markt nur, wenn es Hunde und Katzen hagelt, was in der 27-jährigen Geschichte des Marktes laut Veranstalter zweimal der Fall war. Verkauft wird jeweils samstags von 8.00 – 16.00 Uhr in der Kaiserallee in Baden-Baden, nur 500 Meter vom Kurhaus und dem welt-berühmten Spielcasino entfernt.

Warenangebot

Alles Alte und Gebrauchte, vom billigen Trödel bis zu teuren Antiquitäten. Neu-

Anfahrtsweg

Der Markt ist leicht zu finden: Befindet man sich einmal auf dem Autobahn-zubringer Baden-Baden (B 500), dann muß man nur noch der Ausschilderung »Kurhaus/Casino« folgen.

ware darf, bis auf selbstgefertigtes Kunsthandwerk, nicht verkauft werden.

Handelsbestimmungen

Sowohl Profis als auch Privatpersonen können ihre Waren auf dem Markt verkaufen. Im Laufe der Jahre hat sich eine Verteilung von ca. 10% Profis zu 90% Privatpersonen eingependelt.

Wie groß ist der Markt

In der Regel finden sich zwischen 160 und 180 Händler auf dem Platz ein, um ihre Ware zu verkaufen.

Parkmöglichkeiten

Drei Fußminuten vom Marktgeschehen entfernt befindet sich das Parkhaus Kaufhaus Wagner (Kosten: DM 2,–/Stunde) und die Kurhaus-Tiefgarage (DM 3,–/Stunde). Zehn Fußminuten entfernt, dafür einiges billiger, ist die Tiefgarage des Festspielhauses (DM 1,–/Stunde).

Standgebühr

1997 betrug die Gebühr DM 9,– pro laufendem Meter für Normalstände. Die maximal erlaubte Standgröße ist 3,00 Meter. Autos sind auf dem Marktgelände nicht zugelassen.

Freizeittips

Direkt nebenan kann man das weltberühmte Casino bewundern. Lediglich zwei Minuten entfernt liegt die Fußgängerzone der malerischen Altstadt Baden-Badens, die zum Bummeln, Schlendern und Kaffeetrinken einlädt.

Veranstalter

Tina und Gustl Glattfelder
Hauptstr. 10
77836 Rheinmünster
Tel.: 0 72 27 / 7 75
Fax: 0 72 27 / 7 99

45

80807 München – Schwabinger ART

Live-Musik und Antiquitäten

Kurzbeschreibung

Weit über München hinaus bekannt ist der Antiquitätenmarkt »Schwabinger ART«. Besucher und Händler finden hier nicht nur ein umfangreiches und qualitativ hochwertiges Angebot, sondern auch ein Bistro mit Live-Musik und einen Biergarten in ruhigster Lage.

Wann und Wo?

Jeden Freitag und Samstag sowie jeden zweiten Sonntag im Monat, jeweils von 10.00 bis 18.00 Uhr. Veranstaltungsort sind vier Hallen und das Freigelände in der Neusser Straße in München-Schwabing. Der Markt ist wetterunabhängig.

Warenangebot

Es werden ausschließlich Antiquitäten und Raritäten angeboten, der Verkauf von Neuware ist nicht gestattet.

Handelsbestimmungen

Sowohl Privatpersonen als auch professionelle Händler können ihre Waren anbieten.

Wie groß ist der Markt?

Etwa 200 Händler sind durchschnittlich auf dem Markt vertreten.

Anfahrtsweg

Der Markt liegt direkt neben der Autobahnausfahrt München-Schwabing am Ende der A 9 Nürnberg-München. Auch über den Mittleren Ring (Schenkendorfstraße) ist die »Schwabinger ART« zu erreichen. Bei Anreise mit den öffentlichen Verkehrsmitteln: Die nächsten U-Bahn-Stationen sind »Nordfriedhof« oder »Alte Heide« (beide U 6).

Parkmöglichkeiten

Eine große Menge an kostenlosen Parkplätzen steht den Marktbesuchern zur Verfügung.

Standgebühr

Pro laufendem Meter ist eine Gebühr von 20,– DM zu entrichten.

Freizeittips

Nicht weit vom Marktgelände liegt der Englische Garten, ein großer Park in der Stadtmitte von München. Hier kann man sich bei einem Spaziergang oder Biergartenbesuch von den Strapazen des Marktbummels oder Handelns erholen.

Veranstalter

»Jeko« R. Voracek
Neusser Str. 21
80807 München
Tel.: 0 89 / 3 61 00-479

Originelles im Münchner Osten

Kurzbeschreibung

Der Flohmarkt im Kunstpark Ost bietet ein vielfältiges Angebot. Neben den üblichen Flohmarktartikeln gibt es auch ein Antikhaus und eine Möbelhalle.

Wann und Wo?

Der Flohmarkt findet jeden Freitag und Samstag jeweils von 8.00 bis 16.00 Uhr statt. Die Durchführung ist wetterunabhängig, da der Markt teilweise in Hallen und auf einer überdachten Freifläche stattfindet. Veranstaltungsort ist der Kunstpark Ost in der Grafinger Straße.

Warenangebot

Das vielfältige Angebot reicht von Trödel über Möbel, Bücher, Schallplatten und Puppen bis hin zu Antiquitäten. Auch eine kleine Fläche für Neuware steht zur Verfügung.

Handelsbestimmungen

Sowohl professionelle Händler als auch Privatpersonen sind willkommen.

Anfahrtsweg

Der Kunstpark Ost ist sowohl mit dem Auto als auch mit den öffentlichen Verkehrsmitteln (S-Bahn-Haltestelle »Ostbahnhof«) gut zu erreichen.

Wie groß ist der Markt?

Jedes Wochenende finden sich rund 250 bis 300 feste Händler sowie 150 bis 200 private Händler im Kunstpark Ost ein.

Parkmöglichkeiten

Eine ausreichende Anzahl von Parkplätzen steht zur Verfügung. Am Freitag können diese kostenlos genutzt werden, am Samstag wird eine Parkgebühr von 3,– DM erhoben.

Standgebühr

Die Gebühren liegen je nach Größe des Standes zwischen 20,– DM und 40,– DM pro Stand und Tag.

Freizeittips

Augustiner-Keller München.
Adresse: Augustiner-Keller, Arnulfstraße 52, 80335 München, Tel.: 0 89 / 59 43 93.
Anfahrt: Aus Richtung A 8 Obermenzing, Verdistraße, Menzingerstraße, Romanplatz zur Arnulfstraße. Mit der S- oder U-Bahn zur Hackerbrücke, von dort sind es noch ca. fünf Minuten zu Fuß.
Öffnungszeiten: 11.00 bis 1.00 Uhr.
Der Biergarten bietet einen großen Kinderspielplatz.

Veranstalter

Kunstpark Ost
Vermietungs GmbH
Grafinger Str. 6
81671 München
Tel.: 0 89 / 49 00 27-30
Fax: 0 89 / 49 00 27-33

85049 Ingolstadt/Donau
Flohmarkt Klenzepark

Ein Flohmarkt
wie in
alten Zeiten

Kurzbeschreibung
Der Flohmarkt auf dem Parkplatz des Klenzeparks ist ein Flohmarkt »wie früher«, d. h. er ist noch nicht von Anbietern von Neuware überschwemmt.

Wann und Wo?
Jeden zweiten Sonntag im Monat, gegebenenfalls auch am fünften Sonntag im Monat von 8.00 bis 14.00 Uhr. Veranstaltungsort ist der Parkplatz des Klenzeparks in Ingolstadt.

Warenangebot
Neuwaren, Waffen, nationalsozialistische Artikel, jugendgefährdende Schriften sowie Lebensmittel dürfen nicht verkauft werden. Der Besucher findet ein buntgemischtes Angebot von Alt- und Trödelwaren.

Handelsbestimmungen
Professionelle Händler sind nicht zugelassen, der Verkauf findet lediglich von privat an privat statt.

Wie groß ist der Markt?
Auf dem Markt sind etwa 250 bis 300 Händler vertreten.

Parkmöglichkeiten
200 Parkplätze finden sich direkt am Flohmarkt, weitere 500 Stellplätze bietet die Tiefgarage Reduit Tilly. Alle Parkplätze sind kostenlos.

Standgebühr
Bis zu einer Standtiefe von 1,20 Metern wird eine Gebühr von 8,50 DM pro laufendem Meter erhoben. Tiefere Stände kosten 12,– DM pro laufendem Meter. Solange

Anfahrtsweg

Der Flohmarkt ist etwa 2,5 Kilometer stadteinwärts von der Autobahnausfahrt Ingolstadt-Süd gelegen.

Platz vorhanden ist und wenn der Stand mindestens drei Meter lang ist, können Pkws direkt am Stand abgestellt werden.

Freizeittips

Antoniusschwaige Ingolstadt.
Adresse: Antoniusschwaige 47,
85049 Ingolstadt, Tel.: 08 41 / 3 26 80
Anfahrt: A 9 Ausfahrt Ingolstadt-Süd
Richtung Stadtmitte, Südliche Ringstraße,
Brückenkopf, nach der Konrad-Adenauer-

Brücke zweimal rechts zur westlichen Ringstraße, links in die Gerolfinger Straße einbiegen. Nach ca. 500 Metern finden Sie das Schild »Antoniusschwaige«.
Öffnungszeiten: 10.00 bis 1.00 Uhr,
es gibt keinen Ruhetag.
Spezialitäten: Krustenbraten, Haxen, Spare-Ribs, Enten vom Grill, Steckerlfisch.

Veranstalter

V. Krebs
Hofmillerstr. 6
85055 Ingolstadt
Tel.: 08 41 / 92 01 82
Fax: 08 41 / 92 01 82

85276 Pfaffenhofen –
Flohmarkt am Volksfestplatz
Pariser Flair in Altbayern

Kurzbeschreibung
Einmal im Monat zieht es die bayerischen Flohmarktfreunde nach Pfaffenhofen, denn dann ist hier wieder
Flohmarktzeit. Etwa 250 Stände laden
Kauf- und Schaulustige zum Bummeln
und Stöbern ein.

Wann und Wo?
Jeden vierten Sonntag im Monat (Änderungen
möglich) von 6.00 bis 14.00 Uhr, auch bei
schlechtem Wetter. Der Markt findet auf dem
Volksfestplatz und in der Hopfenhalle statt.

Warenangebot
Hauptsächlich zu finden sind Trödel und
Antiquitäten, Neuware darf nicht verkauft
werden.

Handelsbestimmungen
Es sind ausschließlich Privatpersonen
zugelassen, professionelle Händler dürfen
ihre Waren nicht anbieten.

Wie groß ist der Markt?
Durchschnittlich sind etwa 250 Händler
auf dem Markt vertreten.

Parkmöglichkeiten
Kostenlose Parkplätze sind am Flohmarktgelände vorhanden.

Standgebühr
Pro laufendem Meter sind 10,– DM zu entrichten.

Anfahrtsweg
Schlecht beschildert, aber wenn man
den Autos mit auswärtigem Kennzei-
chen nachfährt, kommt man direkt auf
dem großen, kostenlosen und direkt
an den Markt grenzenden Parkplatz.

Veranstalter
Thomas Seizmeir
Enthofstr. 35
85676 Pfaffenhofen/Tegernbach
Tel.: 0 84 43 / 4 53
Fax: 0 84 43 / 17 28

Antiquitäten und Raritäten

Kurzbeschreibung

Die bayerischen Antiquitätenfreunde zieht es am ersten Sonntag im Monat nach Keferloh, einen kleinen Ort im Münchner Osten, der bereits eine tausendjährige Markttradition zu bieten hat. Beim Gasthof Kreitmair stößt man auf ein ebenso vielfältiges wie hochwertiges Angebot und kann beim ausgedehnten Stöbern schon einmal die Zeit vergessen.

Wann und Wo?

Jeden ersten Sonntag im Monat, außer im Dezember und Januar, von 6.00 bis 18.00 Uhr. Der Markt findet beim Gasthof Kreitmair in 85630 Keferloh statt. Da auf dem Gelände auch Hallen vorhanden sind, ist der Markt wetterunabhängig.

Warenangebot

Angeboten werden ausschließlich Antiquitäten und Raritäten. Der Verkauf von Neuware ist nicht gestattet.

Handelsbestimmungen

Sowohl Privatpersonen als auch professionelle Händler sind zugelassen, entscheidend ist allein die angebotenen Ware.

Wie groß ist der Markt?

Durchschnittlich sind etwa 500 Händler auf dem Markt vertreten.

Parkmöglichkeiten

Etwa 3000 Parkplätze sind vorhanden, die gegen eine geringe Gebühr benutzt werden können.

Standgebühr

Auf dem Freigelände beträgt die Standgebühr 20,– DM pro laufendem Meter, in den Hallen werden 30,– DM pro laufendem Meter erhoben.

Freizeittips

Nach getätigtem Handel oder Einkauf lockt ein Besuch im Biergarten des Gasthof Kreitmair in Keferloh. Hier gibt es auch Oktoberfestbier.

Anfahrtsweg

Keferloh ist über die Münchner Ostumgehung (A 99) zu erreichen. An der Ausfahrt Haar geht es stadteinwärts bis zur ersten Ampel, an dieser links abbiegen. Nach einem Kilometer ist man in Keferloh direkt am Markt.

Veranstalter

»Jeko« R. Voracek
Neusser Str. 21
80807 München
Tel.: 0 89 / 3 61 00-479

53

87509 Immenstadt – Viehmarktplatz
Allgäuer Traditionsmarkt

Kurzbeschreibung
Auf dem Viehmarktplatz in Immenstadt findet ca. viermal im Jahr der größte und beliebteste Flohmarkt des Allgäus statt.

Wissenswertes
Der Markt in Immenstadt gehört zu den ältesten Flohmärkten im Allgäu. Sein Ambiente machte ihn zum beliebtesten und größten Flohmarkt im Allgäu.

Wann und Wo?
Der Markt findet von Mai bis August jeweils am dritten Samstag im Monat statt. Die genauen Termine können unter Tel. 0 83 23 / 72 45 abgefragt werden.

Warenangebot
Alles außer Neuware wird auf dem Markt verkauft.

Handelsbestimmungen
Privatpersonen und Profis können ihre Waren hier anbieten.

Wie groß ist der Markt?
An die 200 Händler sind auf dem Markt vertreten.

Parkmöglichkeiten
Im Umkreis von 250 Metern finden sich kostenlose Parkmöglichkeiten.

Standgebühr
Pro laufendem Meter und Tag kostet der Stand DM 10,–. Bei einer Tiefe ab 0,7 Meter kostet der Meter DM 13,–.

Freizeittips
Zur Entspannung kann man eine Wanderung oder Radtour in der herrlichen Allgäuer Landschaft machen. Bei schönem Wetter lädt der nahegelegene Alpsee zum Baden ein.

Anfahrtsweg
Schnell und leicht zu finden, da in der Nähe des Verkehrsknotenpunktes der Stadt.

Veranstalter
Fetzer Veranstaltungs GbR
Julius-Kunert-Str. 50
87509 Immenstadt
Infotel.: 0 83 23 / 72 45

54

Hallenflohmarkt mit süddeutschem Flair

Kurzbeschreibung

Der Markt findet das ganze Jahr hindurch statt, denn die große Oberschwabenhalle bietet Schutz gegen Wind und Wetter. Meist handelt es sich um eine zweitägige Veranstaltung, die auf die Wochentage Freitag und Samstag fällt. Manchmal findet der Markt aber auch nur samstags statt.

Wissenswertes

Es handelt sich um einen der größten Märkte in Oberschwaben. Die Händler sind aus dem süddeutschen Raum, so daß die Antiquitäten, Kunstobjekte, Sammlerstücke, der Trödel, die Alt- und Gebrauchtwaren ihren eigenen Charakter aufweisen, der nur hier zu finden ist.

Wann und Wo?

In der Oberschwabenhalle in Ravensburg. Die aktuellen Termine können über das Infotel. 0 83 23 / 72 45 abgefragt werden.

Warenangebot

Neuware ist verboten. So besteht das Verkaufsmaterial aus Antiquitäten, Sammlerwaren, Kram, Trödel und allerhand Kuriosem.

Handelsbestimmungen

Sowohl professionelle Händler als auch Privatanbieter sind auf dem Markt zugelassen.

Wie groß ist der Markt?

An die 200 Händler bieten auf dem Markt ihre Waren feil.

Parkmöglichkeiten

Direkt an die Halle grenzt ein für alle Marktbesucher ausreichend großer Parkplatz an, der kostenlos genutzt werden kann.

Standgebühr

Pro Tag und laufendem Meter ab DM 15,–; die Wandplätze kosten DM 30,–.

Freizeittips

Sehr sehenswert ist die wunderschön renovierte Altstadt mit ihrem »Grünen Turm«. In zahlreichen Cafés und Gaststätten kann man den Tag gemütlich ausklingen lassen oder sich mit schwäbischen Spezialitäten den vom Schauen, Laufen und Handeln hungrigen Magen füllen.

Anfahrtsweg

Durch ihre zentrale Lage und gute Ausschilderung ist die Oberschwabenhalle in Ravensburg leicht und schnell zu finden.

Veranstalter

Fetzer Veranstaltungs GbR
Julius-Kunert-Str. 50
87509 Immenstadt
Infotel.: 0 83 23 / 72 45
Fax: 0 83 23 / 72 01

90402 Nürnberg – Trempelmarkt
Krempel auf dem Trempel

Zweimal jährlich

Kurzbeschreibung

Der Nürnberger Trempelmarkt gilt als
größter Flohmarkt im Bundesgebiet,
viele Händler und Besucher halten ihn
außerdem für den schönsten. Er wird
inmitten der Nürnberger Altstadt abgehalten, deren wunderschöne Kulisse
die Marktbesucher zum Bummeln und
Flanieren einlädt.

Wann und Wo?

Der Trempelmarkt findet zweimal jährlich,
jeweils am zweiten Samstag im Mai und
September sowie am vorhergehenden
Freitag statt, auch bei schlechtem Wetter.
Offizielle Verkaufszeit ist freitags von
18.00 bis 22.00 Uhr, samstags von 7.00 bis
18.00 Uhr. Mit dem Aufbau darf bereits ab
Freitag, 15.00 Uhr, begonnen werden. Veranstaltungsort sind die Fußgängerzonen
der Innenstadt.

Warenangebot

Alt- und Neuware. Der Verkauf von Verzehr-
waren und Gegenständen des Wochen-
marktes (z. B. Obst, Gemüse, Blumen) ist
nicht gestattet.

Handelsbestimmungen

Sowohl professionelle Händler als auch Privatpersonen dürfen ihre Warten verkaufen.

Wie groß ist der Markt?

Etwa 3 000 Händler bieten hier ihre Waren
an.

Parkmöglichkeiten

Wegen der Altstadtlage des Marktes sind
die Parkmöglichkeiten eingeschränkt;
kostenlose Parkplätze in Marktnähe sind
nur wenige vorhanden.

Standgebühr

Für die reservierten Plätze beträgt die
Standgebühr 10,– DM pro Quadratmeter
Verkaufsfläche, auf den nicht reservierten

56

Anfahrtsweg

Der Markt findet in den Fußgängerzonen der Innenstadt statt, deshalb folgt man bei Anreise mit dem Pkw am besten der Beschilderung »Zentrum«. Auf der Marktfläche sind jedoch keine Fahrzeuge erlaubt, auch nicht zum Anliefern.

Flächen sind 10,– DM für drei Quadratmeter zu entrichten. Jeder weitere Quadratmeter kostet 5,– DM. Für Kinder bis 15 Jahren werden kostenlose Flächen zur Verfügung gestellt.

Freizeittips

Planetarium Nürnberg.
Adresse: Nicolaus-Copernicus-Planetarium, Am Plärrer 41, Nürnberg, Tel. 09 11 / 26 54 67.
Anfahrt: Vom Bahnhof aus in westlicher Richtung den Frauentorgraben entlang bis zum Plärrer. Das Planetarium befindet sich neben dem Haus der Stadtwerke, U-Bahn-haltestelle »Plärrer«. Die Öffnungszeiten sind telefonisch zu erfragen.
Eintritt:
Erwachsene 7,– DM, Kinder 3,50 DM.

Veranstalter

Stadt Nürnberg
Marktamt und Landwirtschaftsbehörde
Leyher Str. 107
90317 Nürnberg
Tel.: 09 11 / 2 31-0
Fax: 09 11 / 2 31-27 02

Österreich

In Österreich werden in einer Vielzahl von
Städten regelmäßig Flohmärkte abgehalten.
Zu den großen Attraktionen zählen der
Wiener Naschmarkt und der Grazer Fetzenmarkt, die weit über die Landesgrenzen
hinaus bekannt sind. Besonders der Fetzenmarkt hat sich zu einem wahren Volksfest entwickelt. Jung und alt, arm und reich
sind an den Markttagen gleichermaßen un-
terwegs, um günstige Einkäufe zu tätigen.

Graz – Fetzenmarkt

Wenn in Graz die Fetzen fliegen...

Kurzbeschreibung
Den Grazer Fetzenmarkt gibt es schon seit der Zeit der Kaiserin Maria Theresia. Karl von Holtei, Eugen Roth, Max Mell und viele andere bedeutende Persönlichkeiten haben über diesen berühmten Jahrmarkt geschrieben. Im Laufe seiner Jahre ist der Markt zum Volksfest geworden. Ca. 400 Marktfahrer und etwa 500 private Verkäufer nutzen ihn, um ihre Waren unters Volk zu bringen.

Wissenswertes
Die Marktrechte wurden der Grazer Bevölkerung im Mittelalter verliehen und im Jahre 1749 von der Kaiserin Maria Theresia feierlich bestätigt. »Fetzenmarkt« ist eine ins Biedermeier zurückgehende Sammelbezeichnung für die vier Jahrmärkte: Mittfastenmarkt im März, Portiunkulamarkt (»Patschungerlmarkt«) am 1. August, den Ägydimarkt am 1. September und letztlich den Andrämarkt im Dezember. Die Märkte haben eine Tradition von 800 Jahren.

Wann und Wo?
Der Fetzenmarkt wird viermal im Jahr abgehalten. Im März, August, September und November ist Graz dann jeweils für zwei Tage fest in der Hand der Flohmarktfreunde.

Der Markt findet auf dem Grazer Messegelände bei der Einfahrt Fröhlichgasse statt.

Warenangebot
Auf dem Fetzenmarkt gibt es auch anderes als nur »Fetzen«. Als »Pensionopolis« alter Adliger und pensionierter Generäle hat Graz viel an privaten Kunstbeständen aufzuweisen. Der Zufall brachte es mit sich, daß dann aus solchen Nachlässen Kostbarkeiten auf den Markt gebracht wurden, ohne daß die Erben wußten, was sie da eigentlich feilboten. Auch heute noch kann man, wenn man verständig sucht, reiche Ausbeute machen: Für Sammler und Flohmarktenthusiasten ist der Markt wie eh und je eine Reise wert.

Standgebühr
Pro Quadratmeter muß eine Gebühr von öS 20,– entrichtet werden. Wird lediglich Hausrat verkauft, so beträgt die Gebühr öS 5,– pro Quadratmeter.

Freizeittips
Die Grazer Cafés bieten dem Besucher eine Vielzahl von Kaffeesorten, die allesamt ihren Reiz haben.

Anfahrtsweg
Über die Autobahn ist der Markt über die Ausfahrt Graz-Ost zu erreichen. Diese Autobahnausfahrt mündet direkt in die Conrad-von-Hützendorf-Straße, von der wiederum die Fröhlichgasse abzweigt, die zum Messegeläde führt.

Weitere Informationen
Marktverwaltung Graz
Tel.: 00 43 / 3 16 / 8 72-52 02
Fax: 00 43 / 3 16 / 8 72-52 09

Wien – Naschmarkt
Mit Frack und Zylinder

Kurzbeschreibung

Der Wiener Naschmarkt ist wohl der bekannteste Markt der Stadt. Hier herrscht basarähnliche Atmosphäre, Besucher pilgern von einem »Standl« zum nächsten. Um die Jahrhundertwende wurde auf diesem Platz der große Obst- und Lebensmittelmarkt der Kaiserstadt, der sog. Naschmarkt, abgehalten. Auch heute noch gibt es unter der Woche hier Eßwaren von Salzgurken bis hin zu Kebab zu kaufen, am Samstag ist jedoch Flohmarkt angesagt. Dieser findet unter der Organisation des Vorsitzenden statt, der stets auch seinen eigenen Stand hat. Festes Attribut der Wiener Flohmarkthändler ist der Zylinder. Nicht selten trifft man hier einen der zahlreichen prominenten Wiener Bürger, die neben jung und alt, arm und reich, Arbeitern, Hausfrauen, Studenten, Schauspielern, Dirigenten und Ministern stöbern. Kaum einer der Besucher ist sich allerdings der Tatsache bewußt, daß unter dem Pflaster, auf dem sie flanieren, die seit Beginn des 20. Jahrhunderts zugedeckte Wien der Donau entgegenfließt.

Wissenswertes

Der Name Naschmarkt hat nichts mit naschen zu tun, wie man zunächst vermuten möchte. Ursprünglich hieß der Markt Aschenmarkt, seit 1774 wird hier nämlich Milch verkauft und Aschen ist das wienerische Wort für Eimer.

Wann und Wo?

Jeden Samstag von 6.00 bis 13.00 Uhr. Der Naschmarkt liegt im sechsten Bezirk zwischen der rechten und der linken Wienzeile.

Warenangebot

Alle gängigen Flohmarktartikel sind hier zu finden. In den letzten Jahren ist der Naschmarkt zu einem gigantischen Wühltisch angeschwollen und hat viel von seinem ursprünglichen Charakter verloren.

Ein Tip: Es empfiehlt sich, möglichst früh zu kommen, erst einmal die Lage zu sondieren und die Preise zu vergleichen, bevor man einen Handel abschließt. Faustregel: Von vorne (Getreidemarkt) nach hinten (Kettenbrück) wird es billiger.

Standgebühr

Ein Tagesplatz (3 m²) für Privatpersonen kostet öS 250,– pro Tag. Für einen Händlerplatz bis zu einer Größe von 6 m² ist eine Gebühr von öS 970,– je Platz und Monat zu entrichten, für einen Händlerplatz von 9 m² beträgt die Standgebühr öS 1460,– je Platz und Monat.

Anfahrtsweg

Die dem Markt am nächsten gelegenen U-Bahn-Stationen sind »Kettenbrückkengasse« und »Karlsplatz«.

Freizeittips

Touristeninformation: Informationsstelle der Stadt Wien und Wiener Verkehrsverein. Beide befinden sich in der Opernpassage. Es gibt auch Informationsstellen an den Autobahnausfahrten, dem Flughafen und den Fernbahnhöfen.
Heurigenlokale sind durch grüne »Föhrenzweige« gekennzeichnet. Sie hängen an Stangen über dem Eingang. Diese Lokale blicken auf eine 800-jährige Tradition zurück. Der »resche« Wein und die »Heurigenmusik« begeistern den Besucher.
In unmittelbarer Nähe des Naschmarkts liegt die Sezession, ein Jugendstilbau, der 1897 von Joseph Olbrich gebaut wurde. Sie dient als Ausstellungshalle für moderne Kunst.

Veranstalter

Magistrat der Stadt Wien
Marktamtsdirektion
Am Modenapark 1-2
A-1030 Wien
Tel.: 0043/1/711-160
Fax: 0043/1/711-169987931

Schweiz

Die bekanntesten Flohmärkte in der
Schweiz finden regelmäßig jeden Samstag
statt, in Basel auf dem Petersplatz, in
Zürich auf dem Bürkliplatz, in Genf auf der
Plaine de Plainpalais oder in der Altstadt
von Lugano oder Locarno.

Neben diesen regelmäßigen Veranstaltungen sind aber auch die vielen Messen interessant, deren Termine man bei den örtli-
chen Fremdenverkehrsbüros erfragen kann.
Dazu gehört zum Beispiel die Weihnachtssammlerbörse in Zürich, die jedes Jahr
große Massen von Besuchern anlockt.
Ein Geheimtip unter den Schweizer Flohmärkten ist sicherlich der Markt von Le
Landeron, einer reizvollen mittelalterlichen
Kleinstadt am Bieler See. Hier findet jedes
Jahr Ende September der größte Trödelmarkt der Schweiz statt.

Trödel und Krimskrams in der Basler Altstadt

Kurzbeschreibung

Der Petersplatz liegt mitten in der Basler Altstadt, direkt neben der Universität. Auf diesem wunderschönen Platz mit altem Baumbestand läßt sich ebenso gut nach Schnäppchen jagen wie flanieren und verweilen.

Wissenswertes

309 Standplätze sind auf dem Flohmarkt vorhanden, die in der Regel auch alle vergeben werden – ein untrügliches Zeichen für die Attraktivität des Marktes.

Wann und Wo?

Jeden Samstag von 7.30 bis 16.00 Uhr. Eine Stunde nach Verkaufsschluß muß der Platz geräumt sein. Zwischen dem zweiten Samstag im Oktober und dem dritten Samstag im November findet der Markt wegen der Basler Herbstmesse nicht statt. Veranstaltungsort ist der Petersplatz in der Basler Altstadt.

Warenangebot

Das buntgemischte Angebot des Marktes umfaßt alle gängigen Flohmarktwaren, Neuwaren dürfen nicht verkauft werden. Ebenso untersagt ist der Verkauf von Heilmitteln, Kosmetikartikeln, Waffen und Munition, Neuantiquitäten, Modeschmuck und Tieren.

Standgebühr

Zunächst muß eine Flohmarktbewilligung für sFr. 10,– erworben werden. Diese ist für ein Jahr gültig. Darüber hinaus beträgt die Standgebühr sFr. 10,– pro laufendem Meter.

Freizeittips

Touristeninformation: Verkehrsbüro, Blumenrain 2. Nach einem kurzen Spaziergang vom Münsterplatz (vielleicht am Rhein entlang) kommen Sie zum Kunstmuseum. Es ist eines der bedeutendsten Museen Europas. Im Museum befindet sich die wohl berühmteste Holbein-Sammlung.

Anfahrtsweg

Wer mit dem Auto anreisen möchte, findet in unmittelbarer Nähe des Petersplatzes ein Parkhaus (Kantonsspital Basel), in dem Pkws gegen eine Gebühr abgestellt werden können. Öffentliche Verkehrsmittel: Am Kantonsspital halten die Buslinien 36 und 38, auch die Linie 33 (Haltestelle »Bernoullianum«) bringt Sie in die Nähe des Petersplatzes.

Veranstalter

Polizei- und Militärdepartement des Kantons Basel-Stadt
Büro für Messen und Märkte
Spiegelgasse 12, CH-4001 Basel
Tel.: 00 41 / 61 / 2 67 70 43
Fax: 00 41 / 61 / 2 67 71 26

Genf – Trödelmarkt
Antiquitäten und alte Möbel

Kurzbeschreibung

Mittwochs und samstags zieht es die
Flohmarktfreunde in die Genfer Innenstadt, denn dann wird hier der größte
Trödelmarkt der Stadt abgehalten. An
die 200 Händler und Privatpersonen
finden sich ein, um ihre Waren an den
Mann und die Frau zu bringen.

Wissenswertes

Veranstalter des Marktes ist die Stadt Genf.
Standaufbau ist für jedermann, der sich von
der Stadt Genf die Genehmigung eingeholt
hat, die jedoch stets großzügig erteilt wird.

Wann und Wo?

Jeden Mittwoch und Samstag wird auf dem
weiten Rombus der Plaine de Plainpalais
der größte Trödelmarkt in Genf abgehalten.
Uhrzeit der Veranstaltung ist 8.00 bis
18.00 Uhr.

Anfahrtsweg

Der Markt kann bequem mit öffentlichen Verkehrsmitteln erreicht werden:
Bus Nr. 4/44 und die Tram 13/12 halten direkt dort. Kostenlose Parkmöglichkeiten hingegen gibt es in Marktnähe nicht.

Warenangebot

Neuware darf auf dem Markt nicht verkauft
werden, allerdings werden vormittags auch
Früchte, Gemüse und andere frische Nahrungsmittel angeboten. Außerdem findet
man hier Antiquitäten und alte Möbel,
Lampen, Bücher und vieles mehr, was die
Herzen der Flohmarktfreunde höher schlagen läßt.

Standgebühr

Die aktuellen Standgebühren können
bei der Stadtverwaltung Genf
(Tel.: 00 41 / 22 / 3 19 22 00) erfragt werden.

Freizeittips

Parc des Eaux-Vives: Der Besuch des Parks bietet den Besuchern einen der schönsten Spaziergänge am Ufer des Genfer Sees. Eine schattige Uferpromenade führt zum Parc de la Grange, der wegen seiner Rosenanlagen berühmt ist. Besonders sehenswert ist auf der Mole vor dem Quai Gustave Ador der Jet d'eau. Es ist Europas höchster Springbrunnen mit einer Fontäne bis zu 120 Meter Höhe.

Weitere Informationen

Genève Tourisme
Accueil et Information
3, rue du Mont – Blanc
CH-1201 Genève
Tel.: 00 41 / 22 / 9 09 70 00
Fax: 00 41 / 22 / 7 31 90 56

65

Le Landeron – Fête de la Brocante

Der größte Trödelmarkt der Schweiz

Kurzbeschreibung

In Le Landeron findet einmal jährlich die Fête de la Brocante, der größte Trödelmarkt der Schweiz, statt. Etwa 300 Händler bieten dort ihre Waren an. Eine besondere Attraktion des Marktes ist auch ein Karussell aus dem Jahre 1890, an dem junge und alte Marktbummler gleichermaßen ihre Freude haben.

Wissenswertes

Auch jenseits der Markttage kommt der Antiquitäten- und Trödelfreund in Le Landeron auf seine Kosten. Die eng zusammengerückten Häuserzeilen der mittelalterlichen Altstadt beherbergen zahlreiche Antiquitätengeschäfte und Boutiquen für Kunsthandwerk.

Wann und Wo?

Die Fête de la Brocante findet immer am letzten Wochenende im September statt. Verkaufszeiten sind am Freitag von 14.00 bis 19.00 Uhr, Samstag 8.00 bis 19.00 Uhr und Sonntag von 8.00 bis 18.00 Uhr. Der Markt erstreckt sich über die Altstadt von Le Landeron und ihre Umgebung. Auch in einer überdachten Halle werden Waren angeboten.

Anfahrtsweg

Die Fête de la Brocante erstreckt sich über die gesamte Altstadt von Le Landeron und kann daher gar nicht verfehlt werden. Vom Bahnhof erreicht man den Markt nach einem Fußmarsch von etwa fünf Minuten.

Warenangebot

Angeboten werden in erster Linie Antiquitäten und Trödel. Aber auch Kunsthandwerk findet sich im Sortiment des Marktes.

Standgebühr

Ein Stand für Antiquitätenhändler kostet sFr. 160,– pro laufendem Meter, für Verkäufer von Kunsthandwerk beträgt die Standgebühr sFr. 110,– pro laufendem Meter.

Für überdachte Plätze wird eine Gebühr von sFr. 92,– pro Quadratmeter erhoben.

Freizeittips

Wer von den Strapazen des Marktbummels genug hat, kann sich über die Geschichte von Le Landeron informieren. Zu diesem Thema ist im kunstvoll restaurierten Rathaus der Kleinstadt ein Museum eingerichtet. Ebenfalls im Rathaus befindet sich die Kapelle der Zehntausend Märtyrer.

Veranstalter

Association de la Vieille Ville du Landeron (AVVL)
Case postale 10
CH-2525 Le Landeron
Tel.: 0041/32/7512191

67

Locarno – Flohmarkt in der Altstadt
Trödelkram im Tessin

Kurzbeschreibung
Samstags drängen sich die Flohmarktfreunde in den engen Gassen der
Altstadt von Locarno. Einheimische
verkaufen dann alles, was nicht niet-
und nagelfest ist.

Wissenswertes
Die Kleinstadt Locarno (14 000 Einwohner)
ist Filmfreunden auch durch ihr alljährliches
Filmfestival ein Begriff.

Wann und Wo?
Von Ostern bis Oktober jeden zweiten
Samstag von 8.00 bis 13.00 Uhr. Die Stän-
de befinden sich in der Altstadt in der Via
Cittadella, auf den Plätzen Franzoni und
Respini, Piazzetta delle Corporazioni und
in der Via Sant'Antonio.

Warenangebot
Wer schicke Antiquitäten und kleine Kostbarkeiten erwartet, wird in Locarno leider
nicht auf seine Kosten kommen. Statt dessen verkaufen die Einheimischen in erster
Linie Trödelkram: Comic-Heftchen, Grammophone, Umweltschutzpapier und
Nahrungsmittel lassen sich neben allerlei
anderem Schnickschnack finden. Bücher-
sammler werden hier jedoch auf ihre Kosten
kommen, denn das Angebot an deutschen
Büchern ist vielfältig und groß.

Standgebühr
Pro Quadratmeter Verkaufsfläche wird eine
Gebühr von sFr. 30,– erhoben.

Freizeittips
Die Piazza Grande ist der größte städtische
Platz der Schweiz. Hier befinden sich viele
Häuser aus dem 18. und 19. Jahrhundert.
Nach dem Flohmarktbummel können
sich die Besucher bei einem Spaziergang
entlang der Uferpromenade entspannen.

Anfahrtsweg
Das Flohmarktgebiet liegt in der Altstadt westlich der Piazza Grande und
ist mit allen Verkehrsmitteln gut zu
erreichen.

Weitere Informationen
Ente Turistico di Locarno e Valli
Largo Zorzi 1
CH-6600 Locarno
Tel.: 00 41 / 91 / 7 51 03 33
Fax: 00 41 / 91 / 7 51 90 70

Lugano – Piazza della Riforma
Antiquitäten und Tessiner Kunsthandwerk

Kurzbeschreibung

Der Markt in Lugano ist vor allem für sein Angebot an Antiquitäten und Kunsthandwerk aus dem Tessin bekannt. Etwa 50 Händler bieten hier jeden Samstag ihre Waren an.

Wissenswertes

Mit seinen 25 000 Einwohnern ist Lugano zwar nur eine Kleinstadt, doch trotzdem das Versorgungs- und Dienstleistungszentrum der italienischen Schweiz.

Wann und Wo?

Samstags von 8.00 bis 17.00 Uhr. Der Markt findet auf der Piazza della Riforma, im Quartiere Canova (Antiquitäten) und in der Via Canova (Kunsthandwerk) in der Stadtmitte von Lugano statt.

Warenangebot

In Lugano kommen vor allem die Liebhaber von Antiquitäten und Kunsthandwerk auf ihre Kosten.

Standgebühr

Eine Gewerbegenehmigung kostet sFr. 340,– pro Jahr. Darüber hinaus wird ein Meter preis für die Stände erhoben, der bei der Polizei von Lugano zu erfragen ist.

Freizeittips

Ein Cappuccino in der Altstadt oder eine Bootsfahrt auf dem See sind nach einem Marktbesuch sicherlich sehr erholsam. Die zwei Kilometer lange Uferpromenade lädt zu einem Spaziergang ein. Hierher geht man, um zu sehen und gesehen zu werden.

Anfahrtsweg

Der Markt findet in der Stadtmitte von Lugano statt und ist deshalb mit allen Verkehrsmitteln gut zu erreichen. Bei Anreise per Bahn: Mit der Kabinenbahn vom Bahnhof hinauf in die Stadtmitte, von dort weiter zur Piazza della Riforma. Mit dem Bus: Buslinie 1 von Castagnola nach Paradiso. Mit dem Pkw: Auf der Rival Albertolli am See entlang bis zur Piazza Rezzonico. Dort gibt es Parkplätze. Weitere Parkmöglichkeiten in der Via Motta und beim Casino Kursaal.

Veranstalter

Polizia di Lugano
Via Beltramina
CH-6900 Lugano
Tel.: 00 41 / 91 / 8 00 81 11
Fax: 00 41 / 91 / 8 00 70 68

Zürich – Flohmarkt am Bürkliplatz

Plunder und Pretiosen

Kurzbeschreibung

Der Flohmarkt am Bürkliplatz ist der bunteste und amüsanteste Trödelmarkt in Zürich. Auch wenn inzwischen viele professionelle Händler hier ihre Waren zum Verkauf anbieten, kann man doch noch echte Trophäen mit nach Hause bringen. Allerdings sollte man möglichst früh aufstehen, um die besten Schnäppchen zu machen.

Wissenswertes

Der Bürkliplatz liegt am linken Limmatufer. Sollte der Blick einmal vom Trödel abweichen, so hat man von hier einen schönen Blick über den See und auf die Alpen im Hintergrund.

Wann und Wo?

Von Mai bis Oktober jeden Samstag von 6.00 bis 15.30 Uhr. Der Markt findet auf dem Bürkliplatz in der Züricher Innenstadt statt.

Warenangebot

Auf dem Flohmarkt am Bürkliplatz findet sich neben dem üblichen Tand und Trödel ab und zu auch etwas echt »Feines«. Mit etwas Glück kann man hier alten indischen Schmuck oder ein komplettes Jugendstilbe-

steck günstig erstehen. Viele Antiquitätenhändler bieten ebenfalls ihre Waren an.

Standgebühr

Flohmarktverkäufer müssen zunächst eine Saisonkarte für sFr. 15,– erwerben. Die eigentliche Standgebühr beträgt sFr. 12,– pro laufendem Meter, Stände sind in einer Länge von 2, 3 oder 5 Metern zu mieten.

Anfahrtsweg

Der Bürkliplatz liegt in der Stadtmitte von Zürich direkt an der Limmat. Es empfiehlt sich, mit den öffentlichen Verkehrsmitteln anzureisen. Man erreicht den Bürkliplatz mit den Tramlinien 2, 5, 8, 9 und 11, Haltestelle »Bürkliplatz.«

Freizeittips

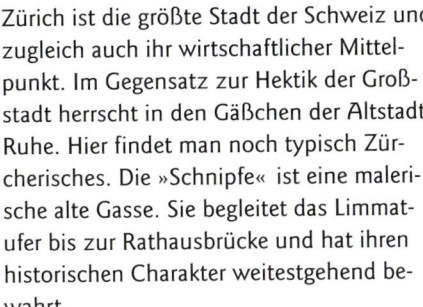

Touristeninformation: Verkehrsbüro,
Bahnhofsplatz 15.

Zürich ist die größte Stadt der Schweiz und
zugleich auch ihr wirtschaftlicher Mittelpunkt. Im Gegensatz zur Hektik der Großstadt herrscht in den Gäßchen der Altstadt
Ruhe. Hier findet man noch typisch Zürcherisches. Die »Schnipfe« ist eine malerische alte Gasse. Sie begleitet das Limmatufer bis zur Rathausbrücke und hat ihren
historischen Charakter weitestgehend bewahrt.

Weitere Informationen

Verkehrsbüro Zürich
Bahnhofplatz 15
CH-Zürich
Tel.: 00 41 / 1 / 2 11 40 00
Fax: 00 41 / 1 / 2 12 01 41

71

Zürich – Weihnachtssammlerbörse

Wo Weihnachtswünsche in Erfüllung gehen

Kurzbeschreibung

Die Weihnachtssammlerbörse wird bereits seit 1975 durchgeführt. Über 700 Aussteller bieten dort jedes Jahr ihre Waren an. Ein vielseitiges Angebot an Antiquitäten, Sammler- und Liebhaberobjekten läßt Besucherherzen höher schlagen.

Wissenswertes

Die Weihnachtssammlerbörse mit Antiquitätenausstellung ist die größte Veranstaltung ihrer Art in der Schweiz.

Wann und Wo?

Der Markt findet jeweils in der ersten Dezemberwoche von Donnerstag bis Sonntag statt (Termin für 1998: 3. bis 6. Dezember). Die Öffnungszeiten sind donnerstags bis samstags von 10.00 bis 21.00 Uhr, sonntags von 10.00 bis 18.00 Uhr. Veranstaltungsort ist das neue Messezentrum der Messe Zürich. Hier erstreckt sich der Markt über drei Hallen.

Anfahrtsweg

Die S-Bahnen S 2, S 5 , S 6, S 7, S 8 und S 14 führen zur Weihnachssammlerbörse (Haltestelle »Oerlikon«). Auch mit der Straßenbahn ist das Messegelände gut zu erreichen. Die Linien 10 oder 14 halten am Bahnhof »Sternen-Oerlikon«, die Linie 11 am Bahnhof »Oerlikon.« Mit dem Auto ist der Markt über die Autobahnausfahrt Zürich-Oerlikon zu erreichen. Von dort aus der Beschilderung »Messe Zürich« folgen. Eine ausreichende Menge an Parkplätzen steht in einem gebührenpflichtigen Parkhaus zur Verfügung.

Warenangebot

Angeboten werden in erster Linie gebrauchte Waren, lediglich Kunst darf auch
neu verkauft werden. Zu finden sind unter
anderem Antiquitäten, Blechspielzeug, alte
Postkarten, Uhren, Porzellan, Silber, Puppen und Teddybären, Weihnachtsschmuck
und alte Stiche.
Auch Modellbahnfreunde kommen voll
auf ihre Kosten: Seit über zehn Jahren wird
zeitgleich eine Modellbahn-Börse veranstaltet.

Standgebühr

Ein Tisch kostet sFr. 150,– für eine Dauer
von vier Tagen. Für einen Flohmarktplatz
wird eine Gebühr von sFr. 110,– pro Quadratmeter erhoben, eine Koje mit drei
Wänden kostet sFr. 180 pro Quadratmeter.

Freizeittips

Touristeninformation: Verkehrsbüro, Bahnhofsplatz 15. Zürich ist die größte Stadt
der Schweiz und zugleich auch ihr wirtschaftlicher Mittelpunkt. Im Gegensatz
zur Hektik der Großstadt herrscht in den
Gäßchen der Altstadt Ruhe. Hier findet
man noch typisch Zürcherisches. Die
»Schnipfe« ist eine malerische alte Gasse.
Sie begleitet das Limmatufer bis zur Rathausbrücke und hat ihren historischen
Charakter weitestgehend bewahrt.

Veranstalter

MEDIAG Messe-Dienst AG
Postfach 757
CH-8037 Zürich
Tel.: 00 41 / 1 / 3 62 23 00
Fax: 00 41 / 1 / 3 63 13 00

73

Dänemark

Flohmärkte in Dänemark bezeichnet man auch als »Krammarkt«, ein vielsagender Begriff: Hier kann man nach Herzenslust in allem Möglichen und Unmöglichen kramen und wühlen. In der Hauptstadt Kopenhagen gibt es eine Reihe regelmäßig stattfindender Flohmärkte, der bekannteste darunter ist der »Loppetorv« auf dem Israels Plads. Außerdem finden in vielen Kleinstädten ab und zu Märkte statt, deren Termine man dem Veranstaltungskalender des Dänischen Fremdenverkehrsamtes entnehmen kann. In Dänemark ist ein Flohmarkt eine Art Volksfest. Neben ungezügeltem Handeln spielen stets auch Speis und Trank einen wichtige Rolle.

Kopenhagen – Israels Plads

Krimskrams und Klamotten

Kurzbeschreibung

Mit seinen über 100 Ständen ist der Markt am Israels Plads der größte Flohmarkt in Kopenhagen. In den Sommermonaten trifft sich hier jeden Samstag eine Vielzahl von Schnäppchenjägern, die hoffen, hier genau das zu finden, was sie ihr Leben lang gesucht haben.

Wissenswertes

Der Markt im Brückenviertel Nørrebro ist unter der Woche ein Blumen-, Obst- und Gemüsemarkt, am Wochenende regieren hier jedoch Tand und Trödel.

Wann und Wo?

Von Mai bis September jeden Samstag von 8.00 bis 14.00 Uhr. Der Markt findet auf dem Israels Plads im Stadtteil Nørrebro statt.

Warenangebot

Auf dem Israels Plads finden Flohmarktfreunde alles, was ihre Herzen höher schlagen läßt: Trödel, Krimskrams und Klamotten. In den Nebenstraßen finden sich viele Buchtrödler, die auch unter der Woche geöffnet haben. Da Deutsch in Dänemark nicht sonderlich gefragt ist, kann man hier häufig deutsche Bücher günstig erstehen.

Freizeittips

Ebenfalls im Stadtteil Nørrebro liegt das Arbejdermuseet, das erste Arbeitermuseum Europas. Hier werden Arbeits- und Wohnbedingungen, politische Entwicklung und gewerkschaftliche Aktivitäten der Arbeiter seit 1870 dokumentiert.
Arbejdermuseet, Rømersgade 22, Öffnungszeiten: Dienstags bis freitags 10.00 bis 15.00 Uhr, samstags und sonntags 11.00 bis 16.00 Uhr.

Anfahrtsweg

Am besten ist der Flohmarkt mit den öffentlichen Verkehrsmitteln zu erreichen. Die nächste S-Bahn- Haltestelle ist »Nørreport«.

Weitere Informationen

Københavns Turistinformation
Bernstorffsgade 1
DK-1577 København V
Tel.: 00 45 / 33 11 13 25
Fax: 00 45 / 33 93 49 69

Schweden

Neben den zahlreichen Flohmärkten, die in den schwedischen Großstädten Stockholm, Göteborg und Malmö regelmäßig abgehalten werden, finden auch in vielen Kleinstädten ab und zu Märkte statt, die sich großer Beliebtheit erfreuen und Menschen aus einem weiten Umkreis anlocken.

Ein Leckerbissen für Trödelfreunde und zugleich etwas typisch Schwedisches sind die vielen Auktionen, die zumeist samstags stattfinden. Da in Schweden immer noch eine starke Landflucht herrscht und die jungen Leute in die Städte ziehen, werden viele Höfe nach dem Tod der Besitzer aufgelöst und das gesamte Hab und Gut der früheren Eigentümer versteigert, inklusive lebender Tiere. Solche Auktionen sind ein wahres Volksereignis, je nach Größe der Veranstaltung gibt es auch Bewirtung und Musik. Neben vielem nutzlosen Plunder kann man hier jedoch auch auf echte Schätze stoßen und mach ein günstiges Schnäppchen machen. Informationen über Auktionen findet man in den lokalen Wochenblättern.

Björkå/Småland –
Emmaus Björkå
Riesenangebot in den schwedischen Wäldern

Kurzbeschreibung

Inmitten der Wälder der Provinz Småland findet der Flohmarkt von Emmaus
Björkå in einem typischen schwedischen Haus in Björkå statt. Er gilt als
der größte Flohmarkt Schwedens.

Wissenswertes

Die Provinz Småland (wörtlich: kleines
Land) ist den Freunden des Kunsthand-
werks vor allem durch seine Glasbläserei
bekannt. So trägt sie auch den Beinamen
»Glasreich«. Die berühmteste Småländerin
ist jedoch sicherlich die Kinderbuchautorin
Astrid Lindgren.

Wann und Wo?

Samstags und sonntags von 13.00 bis
16.00 Uhr, in der Hochsaison sogar täglich.
Veranstaltungsort ist ein Haus in dem kleinen Ort Björkå.

Warenangebot

Neben den typischen Flohmarktartikeln
gibt es hier auch viele Gebrauchsgegen-
stände der Einwohner zu kaufen, insbesondere Holzwaren. Außerdem kann man

auch typische Produkte der Region erstehen.
Ein modernes Antiquariat ist angegliedert.

Freizeittips

Småland ist hauptsächlich für seine Wälder
und zahlreichen Seen bekannt. Als Erholung nach dem Flohmarktbesuch bieten
sich deshalb Waldspaziergänge, Kanotou-
ren oder eine Elchsafari an, die von vielen
Touristeninformationen angeboten wird.

Anfahrtsweg

Björkå liegt an der Straße 23 zwischen
Växjö und Oskarshamn, wenige Kilometer östlich von Åseda. Parkplätze sind
in ausreichender Menge vorhanden.

Weitere Informationen

Schweden-Werbung für Reisen
und Touristik
Lilienstr. 19
200095 Hamburg
Tel.: 0 40 / 32 55 13 55
Fax: 0 40 / 32 55 13 33
Flohmarkt-Infotel.: 00 46 / 481 / 6 33 30

Die Nummer Eins unter Göteborgs Flohmärkten

Kurzbeschreibung

Der Kommersen ist der Flohmarkt Nummer Eins in Göteborg. Hier fühlt man sich schnell an die Atmosphäre eines orientalischen Basars erinnert. Menschen, die unter Platzangst leiden, sollten den Markt lieber meiden, denn oft kann man sich nur unter Einsatz beider Ellenbogen einen Weg durch das Getümmel bahnen.

Wissenswertes

Göteborg ist eine relativ junge Stadt, sie wurde erst 1621 gegründet.

Wann und Wo?

Jeden Samstag von 10.00 bis 15.00 Uhr. Der Markt findet in der zentral gelegenen Färgfabriksgatan in der nördlichen Stadthälfte statt, gleich hinter dem Backaplan.

Warenangebot

Es gibt nichts, was es auf dem Kommersen nicht gibt. Kaum ein Kauflustiger wird hier mit leeren Händen wieder nach Hause ge-

Anfahrtsweg

Die Färgfabriksgatan liegt in der nördlichen Stadthälfte Göteborgs, direkt hinter dem Backaplan.

hen. Angeboten wird sowohl Alt- und Trödelware, aber auch Neuware. Unter anderem findet man hier auch viel Exotisches, das von den Verkäufern in Heimarbeit zubereitet wird.

Freizeittips

Ein beliebtes Freizeitziel in Göteborg ist der Vergnügungspark Liseberg. 1923 eröffnet, bietet er nicht nur Karussells und andere Fahrgeschäfte, sondern auch ruhige Spazierwege in der Parklandschaft.

Bummeln unter geschlossenem Dach

Kurzbeschreibung
Der Bellevue Marknad ist einer der klassischen Flohmärkte Göteborgs, er findet unter geschlossenem Dach statt.

Wissenswertes
Mit seinen 450 000 Einwohnern ist Göteborg die zweitgrößte Stadt Schwedens. Die Metropole der Westküste ist ein bedeutender Fährhafen.

Wann und Wo?
Samstags und sonntags von 10.00 bis 16.00 Uhr. Der Markt findet in der Stallmästaregatan 3 in Göteborg statt.

Warenangebot
Alt- und Neuware, aber auch viele Werke von einheimischen Künstlern. Außerdem kann der Besucher nach Herzenslust in Glaswaren, Porzellan, Möbeln und Kuriositäten stöbern und so manches schöne Stück mit nach Hause nehmen.

Freizeittips
Sehenswert in Göteborg ist das Kronhuset, das älteste noch erhaltene Gebäude der Stadt (1643), heute eine Art Freilichtmuseum. Außerdem gibt es eine Reihe interessanter Museen, so z. B. das Kunstmuseum, das theaterhistorische Museum oder das Seefahrtsmuseum.

Anfahrtsweg
Der Markt ist gut mit den Straßenbahnlinien 6 und 7 zu erreichen (Haltestelle »Bellevue«).

Weitere Informationen für beide Flohmärkte
Göteborgs Turistbyrå
Kungsportplatsen 2, S-41110 Göteborg
Tel.: 0046/31/100740
Fax: 0046/31/132184
Flohmarkt-Infotel.: 0046/31/841577

Malmö – Drottningstorgets Loppmarknad

Riesenangebot und freundliche Atmosphäre

Kurzbeschreibung

Der Flohmarkt auf dem Drottningstorget ist der größte Flohmarkt in Malmö. Vor allem Privatpersonen bieten hier ihre Waren an.

Wissenswertes

Die Provinz Skåne, in der Malmö liegt, gehörte wie auch die Provinzen Blekinge und Halland mehrere Jahrhunderte lang zu Dänemark.

Wann und Wo?

In den Sommermonaten mittwochs und sonntags von 10.00 bis 16.00 Uhr auf dem Platz Drottningstorget, mitten in der Innenstadt von Malmö.

Dienstags, donnerstags und samstags findet der Trödelmarkt zwischen 8.00 und 15.00 Uhr im Folkets Park statt. Das viele Grün verleiht dem Markt eine angenehmere Atmosphäre, allerdings ist er aufgrund der weniger zentralen Lage schwächer besucht.

Warenangebot

Das Angebot unterliegt keinerlei Beschränkungen, neben Neuware finden sich alle gängigen Flohmarktartikel. Mit ein wenig Glück dürfte niemand hier mit leeren Händen nach Hause gehen.

Freizeittips

In Malmö gibt es zahlreiche Kirchen und Bürgerhäuser zu sehen. Eine Besichtigung wert ist auch die Festung Malmöhus am Westrand der Stadt. Sie wurde in den Jahren 1536 bis 1542 von dem dänischen König Christian III erbaut und bietet heutigen Besuchern einen Park und ein Museum, in dem unter anderem eine Sammlung russischer Kunst aus dem 19. Jahrhundert zu finden ist.

Anfahrtsweg

Der Platz Drottningstorget liegt direkt in der Stadtmitte von Malmö. Deshalb stets der Beschilderung »Zentrum« folgen.

Malmö – Fyndbörsen

Jedermann wird fündig

Kurzbeschreibung
Fyndbörsen ist der größte geschlossene Trödelmarkt in Südschweden.
Hier kann jeder jedem alles verkaufen.

Wissenswertes
Mit seinen 250 000 Einwohnern ist Malmö die drittgrößte Stadt Schwedens. Man nennt sie auch »Zwillingsschwester Kopenhagens«, da sie nur durch eine schmale Meerenge von der dänischen Hauptstadt getrennt wird.

Wann und Wo?
Mittwochs von 17.00 bis 20.00 Uhr, samstags von 9.00 bis 16.00 Uhr und sonntags von 10.00 bis 16.00 Uhr. Zu finden ist der Markt am Västra Hindbyvägen außerhalb der Innenstadt, eine Parallelstraße der Ausfallstraße Richtung Ystad im Stadtteil Almhög.

Warenangebot
Auf diesem Markt finden sich alle gängigen Flohmarkt- und Trödelwaren. Hier läßt sich noch so manche interessante Entdeckung machen.

Freizeittips
Außerhalb von Malmö, ebenfalls an der Straße nach Ystad liegt das Schloß Svaneholm, ein Renaissanceschloß aus dem Jahre 1530.

Anfahrtsweg
Von Malmö aus der Beschilderung Richtung Ystad folgen. Der Markt findet im Stadtteil Almhög in einer Parallelstraße der Ausfallstraße nach Ystad statt.

Weitere Informationen für beide Flohmärkte
Turistbyrå Malmö
Skeppsbron 1
S-21120 Malmö
Tel.: 00 46 / 40 / 30 01 50
Fax: 00 46 / 40 / 23 55 20
Fyndbörsen Platzbuchung:
Tel.: 00 46 / 40 / 94 41 10

Flohmarkt Drottningstorgets Loppmarknad:
Veranstalter Gatukontoret
Tel.: 00 46 / 40 / 34 15 17

Stockholm – Skärholmen

Nach Herzenslust stöbern in Schwedens Hauptstadt

Kurzbeschreibung

Der Trödelmarkt Skärholmen ist sehr populär, insbesondere im Sommer ist das Angebot sehr weitläufig. Jung und alt trifft sich hier, um nach Herzenslust im Sortiment des »Loppmarknad« zu wühlen und zu stöbern.

Warenangebot

Das Warenangebot unterliegt keinen Beschränkungen. Angeboten wird alles Erdenkliche, in erster Linie jedoch Kram und Trödelware.

Freizeittips

Sehenswert in Stockholm ist die Altstadt »Gamla Stan« mit ihren verwinkelten Gas-

Wissenswertes

Die schwedische Hauptstadt Stockholm liegt an der Mündung des Mälarsees in die Ostsee. Sie erstreckt sich über zahlreiche Inseln und trägt deshalb den Beinamen »Venedig des Nordens«.

Wann und Wo?

Jeden Tag während der Ladenöffnungszeiten. Der Markt findet im Erdgeschoß des Parkhauses des Einkaufszentrums Skärholmen statt.

Anfahrtsweg

Der Markt ist mit der U-Bahn von der Innenstadt aus in ca. 20 Minuten zu erreichen. Die nächste U-Bahn-Station ist »Skärholmen.«

sen, kleinen Läden, Restaurants und Cafés. Auch das königliche Schloß befindet sich hier. Ebenfalls lohnt sich ein Besuch des Wasa-Museums. Hier ist das Schiff »Gustav Wasa« ausgestellt, das 1628 die Werft verließ und nicht einmal bis zur Ostsee kam. Erst 333 Jahre später wurde das Schiff geborgen und ist heute vollständig konserviert im Museum zu sehen.

Weitere Informationen

Turistbyrå Stockholm
Box 7542
S-10393 Stockholm
Tel.: 00 46 / 8 / 7 89 24 90
Fax: 00 46 / 8 / 7 89 24 50

Infotel.: 00 46 / 8 / 10 00 60

Finnland

Handeln im Hohen Norden

Nach Finnland reist man gewöhnlich nicht wegen der Einkaufsmöglichkeiten, sondern wegen der Natur des skandinavischen Landes. Dennoch können Flohmarktfreunde hier die eine oder andere Überraschung erleben. Besonders in Helsinki gibt es eine Vielzahl von Märkten, die teils überdacht sind, teils aber auch im Freien stattfinden. Flohmärkte bieten immer eine gute Gelegenheit, Land und Leute kennenzulernen. Dies gilt auch für Helsinki, wo die Händler für die Kauf- und Schaulustigen stets ein freundliches Lächeln auf den Lippen haben und jederzeit mit sich handeln lassen.

Kurzbeschreibung

Finnlands größter Flohmarkt Hietalahti ist ein wichtiger Bestandteil des Stadtbildes von Helsinki. Beliebt bei Einheimischen wie bei Touristen, lockt er eine Vielzahl von Besuchern an. Zwischen 40 und 60 Händler bieten hier jeden Tag ihre Waren an, am Wochenende sind es oft sogar noch mehr.

Wissenswertes

Über dem Flohmarkt Hietalahti schwebte schon einige Male das Damoklesschwert. Grund hierfür war das zunehmende Verkehrsaufkommen in der Innenstadt von Helsinki. Schließlich wurde doch zugunsten des Marktes entschieden, der Verkehr mußte sich eben dem Flohmarkt unterordnen.

Wann und Wo?

Montags bis samstags von 8.00 bis 14.00 Uhr. In den Sommermonaten (15. 5. bis 31. 8) auch sonntags von 10.00 bis 14.00 Uhr. Ebenfalls in den Sommermonaten findet ein Abendflohmarkt von 15.30 bis 20.00 Uhr statt. Der Markt liegt in der Stadtmitte Helsinkis am Hietalahti-Platz, etwa 900 Meter südwestlich des Hauptbahnhofes.

Warenangebot

Auf dem Markt wird in erster Linie Secondhand-Kleidung verkauft, darunter auch viele Kleidungsstücke von finnischen Schauspielern. Außerdem können Kauf- und Schaulustige in Folgendem wühlen: Haushaltsgeräte, Spielsachen, Teppiche, Antiquitäten, Bücher, Schallplatten, Musikinstrumente, Uhren, Schreibmaschinen, Radios, Fernseher, Fotoapparate, Fahrräder, Glaswaren und noch vieles mehr. In letzter Zeit findet man hier auch viele Dinge aus

der russischen Armee, wie z. B. Uniformmützen oder Patronentaschen. Der Verkauf von Neuwaren ist jedoch nicht gestattet.

Freizeittips

Touristeninformation: Pohjoisesplanadi 19, Tel.: 1 69 37 57, Fax: 1 69 38 39
Eine der berühmtesten Sehenswürdigkeiten der finnischen Hauptstadt ist die Felsenkirche aus den 60er Jahren. Die Außenwand der Kirche besteht aus rohen Granitblöcken, der Innenraum liegt unter Erdniveau im Fels. Darüber erstreckt sich eine Kupferkuppel. Öffnungszeiten Montags bis samstags 10.00 bis 20.00 Uhr, sonntags 12.00 bis 13.45 Uhr, 15.15 bis 17.45 Uhr und 19.00 bis 20.00. Straßenbahnlinie 3 zur Runeberggatan.

Veranstalter

Helsingin Kaupunki
Kiinteiströvirasto
Talo – osasto
Pohjoisesplanadi 5
SF-00170 Helsinki
Fax: 0 03 58 / 9 / 1 69 38 60

Anfahrtsweg

Am besten ist der Markt mit den öffentlichen Verkehrsmitteln zu erreichen. Die Straßenbahnlinie 6 führt von der Stadtmitte zum Marktgelände.

Großbritannien

Zu einer Zeit, da so viel Mühe darauf verwandt wird, das Einkaufen immer eintöniger, steriler und rationeller zu gestalten, ist es gleichsam ein Sieg der Ursprünglichkeit und des Althergebrachten, daß altmodische Straßenmärkte, wie sie früher in Mode waren, wiederaufblühen. Alt und jung sind auf der Suche nach der gemütlichen Enge und dem Reiz des traditionellen Marktgeschehens, wo es alles zu kaufen gibt. Nebenbei wirft man einen Blick auf die Stadt und die Menschen. Die Idee des Flohmarktes ist in Großbritannien immer als etwas typisch »Kontinentales« angesehen worden.

Die Märkte in London, bunt, geschäftig und lebensfroh, gehören einfach zur Einkaufsszene der Hauptstadt. Hier gibt es nichts, was man nicht kaufen kann: vom frischen Obst und Gemüse bis zu Kunst und Antiquitäten.

Irland

Was für die britischen Märkte gilt, trifft in gewisser Hinsicht auch für Irland zu. Die Marktszene in der Hauptstadt Dublin ist vielfältig, ein buntgemischtes Publikum ist immer auf der Suche nach günstigen Einkäufen. Neben Obst- und Gemüsemärkten ist auch der Antiquitäten- und Trödelhandel gebührend vertreten.

Wo London am buntesten ist

Kurzbeschreibung

Der Camden Lock Market erfreut sich bei Londonern wie bei Touristen größter Beliebtheit. Deshalb ist es ratsam, den Markt möglichst früh zu besuchen, da man sich nachmittags oft nur noch unter Einsatz beider Ellenbogen durch das farbenfrohe Getümmel schieben kann. An einer Schleuse des Regent's Canal gelegen, läßt Camden Lock keine Einkaufswünsche offen. Im Durchschnitt bieten hier 350 Händler ihre Waren an. Außerdem kann man die Leute mit den buntesten Haaren und Klamotten von ganz London sehen.

Wissenswertes

Im Stadtteil Camden Town ist die linke und alternative Schickeria Londons beheimatet. Zahlreiche Restaurants, Clubs und Pubs sorgen dafür, daß dem Besucher auch nach Geschäftsschluß nicht langweilig wird. So war der Camden Lock Market ursprünglich eine Mischung aus Hippiemarkt und alternativen Workshops, heute wird hier alles verkauft, was nicht niet- und nagelfest ist.

Wann und Wo?

Jeden Samstag und Sonntag von 9.30 bis 17.30 Uhr. Der Markt hat sich in den letzten Jahren so sehr ausgebreitet, daß er den ganzen Innenbezirk von Camden in Beschlag nimmt. Hauptmarktstraßen sind die Camden High Street und die Chalk Farm Road.

Anfahrtsweg

Wie die anderen Londoner Märkte ist Camden Lock am besten mit der U-Bahn zu erreichen. Die nächsten U-Bahn-Stationen sind »Camden Town« und »Chalk Farm« (beide Northern Line). Auch die Buslinien 24, 27, 29, 31, 68, 74, 134, 214 und 253 führen nach Camden.

Warenangebot

Kunst, Krimskrams, Klamotten – so könnte man das Angebot des Camden Lock Market zusammenfassen. Egal ob man auf der Suche nach den ausgeflipptesten Szeneklamotten oder einer billigen Lederjacke ist, hier bleibt kein Wunsch offen. In der Nähe der Schleuse gibt es vor allem Schmuck und Kunsthandwerk, in den umliegenden Geschäften findet man auch Möbel und Drucke. Ebenfalls groß ist das Angebot an Schallplatten und Tonbändern: Schellack-Platten aus den Dreißiger Jahren oder Live-Mittschnitte der momentan angesagtesten

Bands lassen die Herzen der Musiklieb-haber höher schlagen.

Freizeittips

Wem der Trubel auf dem Markt zuviel wird, kann entlang dem Regent's Canal zum Regent's Park und zum Londoner Zoo spazieren. Der ehemalige Treidelpfad führt an Schleusen vorbei direkt ins Grüne. Ist man vom Marktbummel bereits zu erschöpft, kann man die Strecke auch mit dem Boot zurücklegen: Der Regent's Canal Waterbus verkehrt von April bis Oktober regelmäßig zwischen Camden Lock und London Zoo. Öffnungszeiten Zoo: Täglich 10.00 bis 17.30 Uhr im Sommer, 10.00 bis 16.00 Uhr im Winter.

Veranstalter

USM
56 Camden Lock Place
GB-London NW1
Tel.: 00 44 / 171 / 2 84 20 84
Fax: 00 44 / 171 / 2 47 61 78

89

London – Camden Passage

Abc-Antiquitäten, Bücher, Camden Passage

Kurzbeschreibung
Bücherfreaks und Antiquitätenfreunde sollten sich einen Besuch in der Camden Passage im Stadtteil Islington auf keinen Fall entgehen lassen. Hier erwartet sie ein Wirrwarr von kleinen Läden, die sich auf Antiquitäten und Bücher spezialisiert haben.

Wissenswertes
Der Stadtteil Islington ist eine beliebte Einkaufsgegend. Manch wertvolles Kleinod oder echtes Schnäppchen läßt sich hier aufstöbern. Überall trifft man auf Antiquitätenhändler – egal, ob an Ständen, in Läden oder Einkaufspassagen. Außerdem laden zahlreiche Restaurants und Delikatessenläden zu einer kleinen Stärkung nach dem Einkaufsbummel ein.

Wann und Wo?
Jeden Mittwoch von 7.00 bis 14.00 Uhr, samstags von 8.00 bis 16.00 Uhr. Donnerstags von 7.00 bis 16.00 Uhr nur für Bücher. Der Markt befindet sich in der Upper Street im Stadtteil Islington in Nord-London.

Warenangebot

Auf dem Büchermarkt am Donnerstag laden alte und neue Bücher, Manuskripte und Zeitschriften zum Stöbern und Schmökern ein. An den anderen Markttagen findet man neben Druckerzeugnissen in erster Linie Antiquitäten unterschiedlichster Art und Qualität.

Freizeittips
In Islington gibt es eine Vielzahl von Pubs und Restaurants, in denen nach dem Marktbesuch für Unterhaltung gesorgt wird.

Anfahrtsweg
Am besten ist Camden Passage mit der U-Bahn zu erreichen. Die nächste U-Bahn-Station ist »Angel« (Northern Line).

Weitere Informationen
Tourist Information Centre Islington
44 Duncan Street
GB-London NW 1
Tel.: 00 44 / 171 / 2 78 87 87

90

Antikes in vornehmem Ambiente

Kurzbeschreibung

Mehr als 120 Händler befriedigen hier seit über 20 Jahren jegliche Art der Sammelleidenschaft.

Wissenswertes

Chelsea ist ein der exklusivsten Wohngegenden Londons. Die King's Road, einst das Mekka der Jugend in den 60er Jahren, ist auch heute noch eine berühmte Modestraße.

Wann und Wo?

Montags bis samstags von 10.00 bis 18.00 Uhr. Der Markt ist überdacht und findet in der King's Road 245/246 statt. Wer in Ruhe bummeln und stöbern will, sollte den Markt an einem Werktag besuchen, da er samstags oft überfüllt ist.

Warenangebot

Neben Antiquitäten kann man hier auch Kleidungsstücke und Spitze günstig erstehen.

Freizeittips

Nur eine U-Bahn-Station entfernt befindet sich eine Reihe interessanter Museen. Im Victoria & Albert Museum sind Kunst und Kunsthandwerk, Möbel, Schmuck und Kleider aus den letzten 2000 Jahren ausgestellt. Es gilt als das beste Museum für angewandte Kunst der Welt. Öffnungszeiten: Montags 12.00 bis 17.50 Uhr, dienstags bis sonntags 10.00 bis 17.50 Uhr. Das Natural History Museum ist das weltweit führende naturhistorische Museum und begeistert jung und alt mit seinen Ausstellungen über Dinosaurier oder Insekten. Öffnungszeiten: Montags bis samstags 10.00 bis 17.50 Uhr, sonntags 11.00 bis 17.50 Uhr. U-Bahn für beide Museen: »South Kensington« (Circle, District und Piccadilly Line).

Anfahrtsweg

Auch hier empfiehlt es sich, mit der U-Bahn anzureisen. Die nächste U-Bahn-Station ist »Sloane Square« (Circle und District Line). Von dort führen die Buslinien 11, 19 und 22 zum Markt.

Weitere Informationen

London Tourist Board
Tel.: 00 44 / 171 / 9 32 20 00
Fax: 00 44 / 171 / 9 32 02 22

London – Petticoat Lane Market

Nicht nur Unterröcke gibt es hier

Kurzbeschreibung

Der Petticoat Lane Market liegt in der Nähe des Bahnhofs Liverpool Street. Er ist Londons berühmtester Straßenmarkt und stets voller Leben und Atmosphäre. Im Vergleich zum Markt in der Portobello Road zeigt er sich etwas gewöhnlicher, doch kann man hier nahezu alles kaufen. Oft sollte man jedoch nicht unbedingt nach der Herkunft der teilweise brandneuen Waren fragen. Es könnte nämlich sein, daß man zur Antwort erhält, sie seien »off the back of a lorry« (von einem Lastwagen) gefallen, eine gebräuchliche Umschreibung für Diebesgut. Neben Händlern finden sich hier auch Taschenspieler und Gaukler, die das Marktgeschehen bereichern.

Wissenswertes

Offiziell gibt es in London gar keine Petticoat Lane, der eigentliche Straßenname ist Middlesex Street. Trotzdem wird die Straße im Volksmund Petticoat Lane (Straße der Unterröcke) genannt.

Anfahrtsweg

Am günstigsten ist auch der Petticoat Lane Market mit den öffentlichen Verkehrsmitteln zu erreichen. Die nächsten U-Bahn-Stationen sind »Aldgate« (Metropolitan oder Circle Line) oder »Aldgate East« (Hammersmith & City oder District Line).

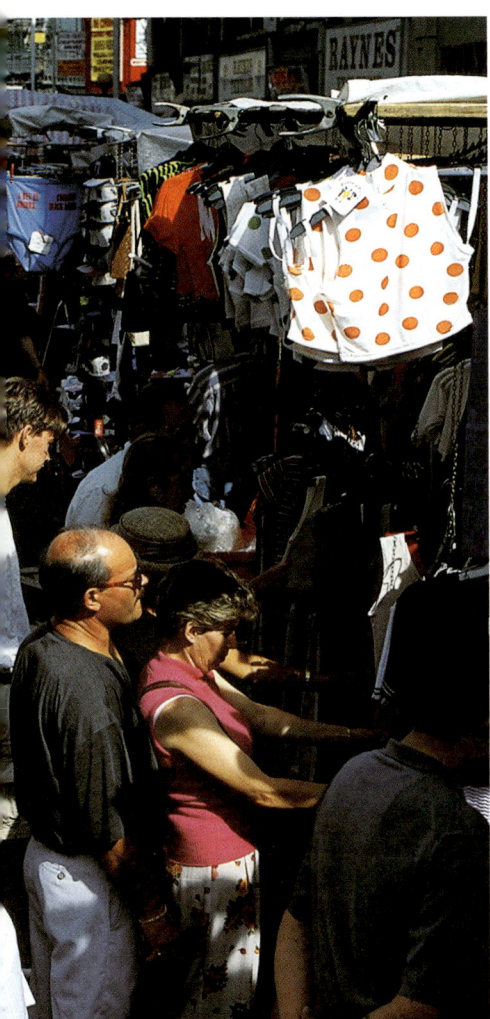

Freizeittips

Der Markt liegt nur eine U-Bahn-Station entfernt von einer der berühmtesten Sehenswürdigkeiten Londons: dem Tower und der Tower Bridge. So läßt sich der Flohmarktbesuch leicht mit einer Prise Kultur würzen. Öffnungszeiten im Sommer: Montag bis Samstag 9.00 bis 18.00 Uhr, Sonntag 10.00 bis 18.00 Uhr, im Winter: Montag bis Samstag 9.00 bis 17.00 Uhr, Sonntag 10.00 bis 17.00 Uhr. U-Bahn-Station: »Tower Hill« (Circle und District Line).

Weitere Informationen

London Tourist Board
Tel.: 00 44 / 171 / 9 32 20 00
Fax: 00 44 / 171 / 9 32 02 22

Wann und Wo?

Jeden Sonntag von 9.00 bis 14.00 Uhr.
Der Markt findet in der Middlesex Street im Londoner Osten statt.

Warenangebot

Neben preiswerter Kleidung ist hier von Spielzeug über Haushaltswaren bis hin zu Hi-Fi-Geräten alles zu erstehen.

93

Das Mekka der Antiquitätenfreunde

Jeden Samstag

Kurzbeschreibung

Der weltbekannte Markt in der Portobello Road ist Londons ältester und größter Straßenmarkt. Mit Recht kann er als einer der besten Antiquitätenmärkte der Welt bezeichnet werden, er lockt jedes Jahr Hunderttausende von Sammlern und Händlern an. Waren im Wert von 50 Pence bis zu 100 000 Pfund wechseln hier jeden Samstag den Besitzer. Insgesamt bieten 1 550 Händler ihre Waren zum Verkauf an. Die Geschäfte und Marktstände auf der zwei Kilometer langen Straße spiegeln die sozialen Extreme des Viertel wieder: von kostbaren Antiquitäten und Kunstgalerien bis zu den Altklamotten und dem Trödel des Arme-Leute-Markts bei der Goldborne Road.

Wissenswertes

Ein gewisser Lord Kitchener eröffnete als erster in der Portobello Road einen Kramladen mit Second-hand-Waren. Hätte man ihm gesagt, daß sich der Markt eines Tages über mehrere Kilometer erstrecken und zu den berühmtesten Märkten Europas gehören würde, er hätte es nicht geglaubt. Mittlerweile gehört ein Besuch der Portobello Road zum Pflichtprogramm eines jeden Touristen. Dadurch erhielt der Markt zwar sein kosmopolitisches Flair, doch andere sind weniger begeistert vom großen samstäglichen Ansturm: So stellte der Blumenhändler in der U-Bahn-Station »Notting Hill Gate« zeitweise ein Schild mit der genervten Aufschrift »Don't ask me the way to Portobello Road« (Fragen Sie mich nicht nach dem Weg zur Portobello Road) auf.

Wann und Wo?

Jeden Samstag von 5.30 bis 16.00 Uhr. Der Markt findet auf den Straßen Portobello Road und Westbourne Grove statt. Neben den Marktständen finden sich auch zahlreiche Einzelhändler entlang der Portobello Road. Diese Geschäfte sind montags bis samstags von 9.00 bis 17.30 Uhr geöffnet. Hinweis: Oft kann man gegen Abend preisgünstig einkaufen, da viele Händler ihre Waren lieber billiger verkaufen, als sie wieder mit nach Hause zu schleppen.

Warenangebot

Hauptsächlich ist die Portobello Road als Antiquitätenmarkt bekannt. Gelegentlich findet man hier sogar Stücke, die echten Museumswert haben. Aber auch sonst kommt der Flohmarktfreund voll auf seine Kosten: Kleidung von der neuesten ausgeflippten Mode bis zu Second-hand-Klamotten aus der Hippiezeit, unnützer Schnickschnack und vielerlei mehr wird ebenfalls angeboten.

Freizeittips

Touristeninformation: British Tourist Authority (BTA), 64 St. James's Street, London SW1 1NF. London Tourist Board (LTB), 26 Grosvenor Gardens, London SW1 0DU.

London als eine der zehn größten Städte der Welt bietet seinen Besuchern mannigfache Sehenswürdigkeiten. Um jedoch in die englische Geschichte einzutauchen, besuchen Sie doch einmal ein Bankett »im weintrinkenden Zechstil« der elisabethanischen Zeit. Das Bedienungspersonal tritt zu diesem Anlaß in historischen Kostümen auf. Troubadoure, Minnesänger und Tänzer unterhalten die Gäste.

Anfahrtsweg

Wie in den meisten Großstädten sind auch die Parkmöglichkeiten in London sehr beschränkt. Eine geringe Anzahl an Parkplätzen mit Parkuhren oder Parkscheinautomaten findet sich in den angrenzenden Straßen, jedoch empfiehlt es sich in jedem Fall, auf die öffentlichen Verkehrsmittel auszuweichen. Die nächsten U-Bahn-Stationen sind »Notting Hill Gate« (Central Line) und »Ladbroke Grove« (Hammersmith & City Line). Außerdem fährt jeden Samstag ein kostenloser Shuttle Bus von einer Reihe von Hotels zum Markt. Informationen hierzu erhalten Sie bei den Touristeninformationsstellen in London.

Veranstalter

The Portobello Road Antiques Dealers Association
288 Westbourne Grove
GB-London W11 2PS
Tel.: 00 44 / 171 / 2 29 83 54
(Di & Fr 9.30 bis 14.00 Uhr)
Fax: 00 44 / 171 / 6 02 33 98

Glasgow – The Barras

Schottenpreise soweit das Auge reicht

Kurzbeschreibung

Der Barrows Market, im Volksmund »The Barras« genannt, ist Schottlands bekanntester und größter Straßenmarkt. Bis zu 1 000 Händler bieten dort jedes Wochenende ihre Waren an. Teils Flohmarkt, teils Unterhaltung gehört er fest zum Glasgower Leben. Ausländische Besucher werden bald zu folgender Feststellung kommen: Glasgower Händler reden schnell und handeln unerbittlich. Ihre Schlagfertigkeit und Geschäftstüchtigkeit hat ihnen sogar schon den Ruf eingebracht, es mühelos mit den Pariser Flohmärkten aufnehmen zu können. Schnäppchenjäger und Liebhaber des Glasgower Dialekts sollten sich einen Besuch dort auf keinen Fall entgehen lassen.

Wissenswertes

Die Entstehung des »Barras« ist eine typische schottische Erfolgsgeschichte. Gegründet wurde der Markt von einer gewissen Mrs. McIver, die ihre Karriere mit einem einzigen Stand begann. Schließlich verpachtete sie weitere Stände auf einem Grundstück, das sie in der Gallowgate gemietet hatte, und der »Barras« war geboren. Gestorben ist Mrs. McIver angeblich als Millionärin.

Wann und Wo?

Samstags und sonntags von 9.00 bis 17.00 Uhr. Der Markt findet teils in der Halle, teils im Freien auf einem Grundstück in der Gallowgate statt.

Anfahrtsweg

Am besten ist »The Barras« mit den öffentlichen Verkehrsmitteln zu erreichen. Die nächste U-Bahn-Station ist »St. Enoch.« Von dort kann man entweder einen Fußweg von 15 Minuten auf sich nehmen oder auf einen der zahlreichen Busse des »Strathclyde Transport« ausweichen (z. B. Linie 14).

Warenangebot

Neben altem Trödel, Haushaltswaren, Antiquitäten und Klamotten findet man auf dem »Barras« alles vom Autoradio bis hin zu den billigsten Handtüchern in ganz Schottland. Auch manch ein Designeroutfit hat hier schon zu einem respektablen Preis den Besitzer gewechselt.

Freizeittips

In unmittelbarer Nähe des Marktes befindet sich der Park »Glasgow Green« mit dem Museum »The People's Story«. Dort kann man alles über die Geschichte Glasgows und seiner Einwohner erfahren. Ein Café im Wintergarten des Museums erlaubt dem Besucher, auch bei schlechtem Wetter seinen Tee im Grünen zu genießen. Öffnungszeiten: Montags bis samstags 10.00 bis 17.00 Uhr, sonntags 12.00 bis 18.00 Uhr. Eintritt frei.

Weitere Informationen

Greater Glasgow & Clyde Valley Tourist Board
11 George Square
GB-Glasgow G1 1DY
Tel.: 00 44 / 141 / 2 04 44 00
Fax: 00 44 / 141 / 2 04 47 72

Dublin – Blackrock Market
Schmuck und Silber

Kurzbeschreibung
Der Markt in Blackrock ist ein viel besuchter Flohmarkt, auf dem man noch so manches Schnäppchen machen kann. Er liegt oberhalb des Fährhafens Dun Laoghaire.

Wissenswertes
Blackrock ist ein südlicher Vorort der irischen Hauptstadt.

Wann und Wo?
Samstags von 11.30 bis 17.30 Uhr, sonntags von 12.00 bis 17.30 Uhr. Auch an den Bankfeiertagen geöffnet. Der Markt findet in der Main Street von Blackrock, County Dublin statt.

Warenangebot
An den zahlreichen Ständen findet sich ein bunt gemischtes Warenangebot: Kleidung, Antiquitäten, Schmuck, Silber, Bücher und originelle Kuriositäten. Hier läßt sich manch günstiges Schnäppchen machen.

Anfahrtsweg
Blackrock ist mit der städtischen Eisenbahn und den Dart Feeder Bussen gut zu erreichen (Haltestelle »Blackrock«).

Freizeittip
Der Hafen Dun Laoghaire ist der wichtigste Passagierhafen für den Fährverkehr mit England. Auch das National Maritime Museum of Ireland (Seefahrtsmuseum) liegt hier.

Dublin – Iveagh Market

Tand und Trödel

hier auch zahlreiche kleine Läden, die zum
Bummeln und Stöbern einladen.

Wann und Wo?

Dienstags bis samstags von 9.00 bis 18.00
Uhr. Der Markt findet in der Francis Street
in Dublin statt.

Warenangebot

Nippes, alte Möbel, Kleidung, Bücher, Porzellan – kurz: Alles zwischen richtigem
Ramsch und richtigen Schnäppchen finden
die Bummler hier.

Freizeittips

Touristeninformation: Tourist Information
Office, 14 Upper O'Connell Street und 51
Dawson Street.
Guinness's Brewery. Im Liberties-Viertel
finden Sie diese größte Brauerei Europas.
Hier wird das berühmte Guinness Bier her-
gestellt.

Kurzbeschreibung

Ein beliebter Flohmarkt in Dublin ist
der Iveagh Market. Hier treffen sich an
fünf Tagen in der Woche alle, die auf
einen günstigen Einkauf aus sind. In
dem vielseitigen Angebot des Marktes
läßt sich nach Herzenslust auf die
Suche nach Schnäppchen gehen.

Wissenswertes

Die Marktstraße Francis Street ist das Zentrum des Antiquitätenhandels in Dublin.
Neben den Flohmarktständen finden sich

Anfahrtsweg

Die Francis Street liegt im Bezirk Dublin 8. Unter anderem führen die Busse
50, 54 und 56A in dieses Viertel.

Weitere Informationen für beide Flohmärkte

Bord Fáilte – Irish Tourist Board
Information Section
Chancery Lane
IRL-Dublin 8
Tel.: 00 3 53 / 1 / 6 02 40 00
Fax: 00 3 53 / 1 / 4 75 80 46
Flohmarkt-Infotelefon
Blackrock Market: 00 3 53 / 1 / 2 83 35 22

99

Belgien

Wie ihre holländischen Nachbarn lieben auch die Belgier den Handel mit Tand und Trödel. So finden sowohl in Brüssel als auch in der Provinz jedes Wochenende eine Vielzahl von Antiquitäten- und Flohmärkten statt. Von nah und fern strömen Schnäppchenjäger in Städte wie Lüttich, Antwerpen, Gent oder Tongeren, um ihre Kauflust zu befriedigen und vielleicht etwas wirklich Wertvolles mit nach Hause zu bringen. Auffällig ist auch das gemischte Marktpublikum: Arm und reich, jung und alt sind zu gleichen Teilen auf dem Markt vertreten.

Brüssel – Marché des Antiquités et du Livres de Bruxelles

Antikes unter Zeltdächern

Kurzbeschreibung

Der Antiquitäten- und Büchermarkt in Brüssel besticht durch seine ganz besondere Atmosphäre. Zu Füßen einer wunderschönen Kirche gelegen, hat er nicht zuletzt durch seine lange Tradition Weltruhm erlangt. Durchschnittlich bieten hier etwa 80 Händler unter rot-grün gestreiften Zeltdächern ihre Waren an. Um die Place du Grand Sablon finden sich viele Antiquitätenläden, Cafés und Restaurants, die den Marktbesucher nach getätigtem Handel zum Verweilen einladen.

Wissenswertes

Laut Meinung der Fachleute liegen die Antiquitätenpreise in Brüssel in etwa zwischen Paris (billiger) und London (teurer). Die Händler scheinen hier weniger zum Feilschen geneigt, dafür läßt die Qualität der angebotenen Waren keine Zweifel aufkommen.

Wann und Wo?

Jeden Samstag von 9.00 bis 18.00 Uhr und jeden Sonntag von 9.00 bis 14.00 Uhr. Veranstaltungsort ist die Place du Grand Sablon, ein Platz in der Stadtmitte von Brüssel.

Warenangebot

Auf dem Markt werden Antiquitäten und alte Bücher angeboten. Von Münzen bis hin zum Monokel gibt es hier alles, was das Herz eines jeden Antiquitätensammlers höher schlagen läßt. Neuwaren dürfen nicht verkauft werden.

Freizeittips

Touristeninformation: T.I.B. (Tourist-Information Brüssel), Rue Marché aux Herbes / Grasmarkt 61.
Manneken Pis: Die kleine Bronzestatue wurde im 17. Jahrhundert entworfen und verkörpert den rebellischen Geist der Brüsseler.

Anfahrtsweg

Der Flohmarkt liegt in der Nähe des Justizpalastes (Palais de Justice). Die Anbindung an die öffentlichen Verkehrsmittel ist sehr gut. Die nächste U-Bahn-Station ist »Parc«, auch mit der Straßenbahn (Linien 92, 93, 94) und dem Bus (Linien 20, 34, 95, 96) ist der Flohmarkt leicht zu erreichen. Wer mit dem Auto anreisen möchte, findet auf der Place du Grand Sablon eine Anzahl gebührenpflichtiger Parkplätze, an der Place Poelaert und der Place de la Justice gibt es Tiefgaragen. Kostenlose Parkmöglichkeiten gibt es in den angrenzenden Straßen, jedoch sind diese – wie in jeder Großstadt – knapp.

Veranstalter

Isabelle van der Geeten
80, Avenue Mozart, B-1190 Bruxelles
Tel.: 00 32 / 2 / 3 43 57 03

Brüssel – Vossenplein

Der Prolet unter Brüssels Märkten

Kurzbeschreibung

Nur einen Katzensprung vom Markt
an der Place du Grand Sablon entfernt,
liegt der Flohmarkt am Vossenplein,
der Prolet unter Brüssels Märkten.
1873 erstmals ins Leben gerufen, ist
der Markt heute einer der ältesten und
bekanntesten Flohmärkte Europas.

Wissenswertes

Der Name »Vossenplein«, zu deutsch
Fuchsplatz, stammt von einer Lokomotivfa-
brik, die von 1837 bis 1844 auf dem Platz
ansässig war. Die Fabrik trug den Namen
»Usine du Renard« (Fuchsfabrik).

Anfahrtsweg

Der Flohmarkt liegt in der Nähe des
Justizpalastes (Palais de Justice). Die
Anbindung an die öffentlichen Verkehrsmittel ist sehr gut. Die nächste
U-Bahn-Station ist »Parc«, auch mit
der Straßenbahn (Linien 92, 93, 94)
und dem Bus (Linien 20, 34, 95, 96)
ist der Flohmarkt leicht zu erreichen.

Wann und Wo?

Jeden Tag von 7.00 bis 14.00 Uhr. Der
Markt findet auf der Place du Jeu de Balle
in der Stadtmitte Brüssels statt.

Warenangebot

Verkauft wird Ramsch und Trödel jeglicher
Art, häufig ist das Angebot einfach nur auf
dem Pflaster ausgebreitet. Angefangen
von Kleiderbügeln bis hin zu flippigen Klamotten, die man darauf hängen kann, wird
hier alles verkauft, was nicht niet- und
nagelfest ist. Oft stammt das Angebot aus
Konkursen oder Restbeständen, so daß

102

1866 und 1883 gebaut wurde. Der Justizpalast ist größer als der Petersdom und galt im 19. Jahrhundert als das größte Bauwerk Europas.

Weitere Informationen

Office de Tourisme et d'Information
de Bruxelles
Hôtel de Ville
Grand Place
B-1000 Bruxelles
Tel.: 00 32 / 2 / 5 13 89 40
Fax: 00 32 / 2 / 5 14 45 38

man mit etwas Glück ein gutes Schnäppchen machen kann. Auffallend viele Autoradios werden ebenfalls verscherbelt – da stellt sich schon einmal die Frage, woher diese denn stammen.

Freizeittips

An der Place du Jeu de Balle finden sich zahlreiche Kneipen, die zu einer kurzen Rast nach dem Flohmarktbesuch einladen. Ganz in der Nähe liegt auch der Justizpalast (Rue de la Régence), ein Monumentalgebäude, das im Auftrag von Leopold II. von dem Architekten Poelaert zwischen

103

Tongeren

Antiquitäten und kleinstädtische Atmosphäre

Kurzbeschreibung

Der Markt in Tongeren besticht durch seine Tradition und seine lebendige Atmosphäre. Durchschnittlich 350 Händler bieten hier jeden Sonntag ihre Waren an. In kleinstädtischer Atmosphäre können Antiquitäten- und Kunstlieber noch echte Schnäppchen machen.

Wissenswertes

Die Kleinstadt Tongeren (30 000 Einwohner) ist eine der ältesten Städte Belgiens. 1988 konnte sie bereits ihr zweitausendstes Jubiläum feiern.

Wann und Wo?

Jeden Sonntag von 6.00 bis 13.00 Uhr. Der Markt findet in der Stadtmitte von Tongeren statt.

Anfahrtsweg

Der Markt kann sowohl mit dem Auto als auch mit den öffentlichen Verkehrsmitteln gut erreicht werden. Tongeren liegt 34 Kilometer von der Autobahn E 313 entfernt, an der Bahnlinie Hasselt – Liège.

Warenangebot

Angeboten werden in erster Linie Antiquitäten und Kunsthandwerk. Der Verkauf von Neuwaren ist nicht gestattet.

Freizeittips

Sehenswert in Tongeren ist die Liebfrauen-
kirche mit ihrer Schatzkammer und dem
Antwerpener Schnitzaltar. Zeugnisse aus
der Vergangenheit der Stadt findet man im
Gallo-römischen Museum.

Veranstalter
Dienst Lokale Economie
De Schiervelstraat 8
B-3700 Tongeren
Tel.: 00 32 / 12 / 39 19 51
Fax: 00 32 / 12 / 39 02 33

Niederlande

Hier gingen über Jahrhunderte hinweg Kaufmannslust und Gottesfurcht eine enge Verbindung ein. Dies läßt sich besonders daran erkennen, daß die alten eingesessenen Flohmärkte stets in der Nähe von Gotteshäusern stattfanden und dies auch heute noch tun, wenn sie nicht aus Platzgründen an den Stadtrand verlegt worden sind. Da die Niederlande überwiegend calvinistisch sind, ist jeglicher Handel am Sonntag streng verboten. So finden auch die Flohmärkte nie sonntags statt. Außer vielleicht im katholischen Süden.

Amsterdam – Königinnentag

Einkaufen zu Ehren der Königin

Kurzbeschreibung

Jedes Jahr am 30. April feiert die Stadt Amsterdam den Geburtstag der niederländischen Königin Beatrix auf ganz besondere Weise: Die ganze Stadt verwandelt sich in einen Flohmarkt, auf dem jeder auf der Straße alles verkaufen darf, was er will. Mehr als eine Million Menschen nutzen diesen Tag für einen Bummel durch die unzähligen Marktstände.

Wissenswertes

Am Königinnentag befällt die Holländer ein ungezügeltes Handelsfieber. Alle sind fröhlich und in den Straßen Amsterdams herrscht eine ungezwungene Atmosphäre. Leider muß man aber auch feststellen, daß der Markt in letzter Zeit immer kommerzieller geworden ist. Nicht mehr so sehr der Trödel aus Großmutters Keller beherrscht die Verkaufsszene, statt dessen bieten immer mehr professionelle Händler ihre Waren an.

Wann und Wo?

Jedes Jahr am 30. April. Mit dem Aufbau der Stände darf ab 6.00 Uhr morgens begonnen werden. Der Markt erstreckt sich über die ganze Innenstadt von Amsterdam.

Warenangebot

Hier wird einfach alles verkauft, was der eine zuviel hat, der andere aber brauchen könnte. In erster Linie findet sich jedoch Trödel und anderer Krimskrams.

Freizeittip

Am Königinnentag wird nicht nur gehandelt, eine Vielzahl von anderen Attraktionen wartet auf die Marktbummler. So führen Gruppen von Kindern Theaterstücke auf oder versuchen, die Passanten mit Darbietungen auf Musikinstrumenten zu unterhalten. Abends findet ein riesiges Stadtfest mit Live-Bands und anderen Arten von Entertainment statt.

Anfahrtsweg

Der Markt erstreckt sich über die gesamte Amsterdamer Innenstadt, man kann ihn gar nicht verfehlen. Wegen des großen Besucheransturms herrscht jedoch Parkplatzknappheit, es empfiehlt sich also, auf die öffentlichen Verkehrsmittel auszuweichen.

Veranstalter

Voorlichtingscentrum
Amstel 1
NL-1011 PN Amsterdam
Tel.: 0031/20/6241111
Fax: 0031/20/6245550

Amsterdam – Noordermarkt

Bummeln zwischen Grachten

Kurzbeschreibung

Kram und Krimskrams lassen auf dem Noordermarkt die Sammlerherzen höher schlagen. Kostbarkeiten sind hier zwar keine zu finden, doch läßt es sich zwischen den bunten Ständen beinahe endlos herumstöbern.

Wissenswertes

Den Flohmarkt am Noordermarkt an der Noorderkerk gibt es bereits seit 1883. Heute sind hier jeden Montag etwa 70 Händler vertreten.

Wann und Wo?

Jeden Montag von 8.00 bis 16.00 Uhr. Der Markt findet auf dem Platz Noordermarkt im Stadtteil Jordaan statt.

Warenangebot

Auf dem Markt findet sich ein buntes Sammelsurium aus Alt- und Neuwaren. In erster Linie werden Stoffe und Stoffreste, Kram und Trödel angeboten.

Anfahrtsweg

Am besten ist der Noordermarkt mit den öffentlichen Verkehrsmitteln zu erreichen. Die Straßenbahnlinien 13, 14 und 17 führen zum Markt (Haltestelle »Westermarkt/Prinsengracht«).

Freizeittips

Der Noordermarkt liegt im Stadtteil Jordaan, westlich der Stadtmitte zwischen Prinsengracht und Lijnbaansgracht. Dieses Viertel hat sich bis heute eine eigene Atmosphäre erhalten. Hier leben viele Künstler und Individualisten, aber auch alteingesessene Amsterdamer. Wie früher spielt sich das Leben hauptsächlich auf der Straße ab. Gesellige Eckkneipen, Tante-Emma-Läden und viele kleine Boutiquen laden auch nach dem Flohmarkt zum Bummeln und Verweilen ein.

Veranstalter

Marktwezen Amsterdam
Jan van Galenstraat 14
NL-1051 Amsterdam
Tel.: 0031/20/6823655
Fax: 0031/20/6820966

109

Amsterdam – Waterlooplein

Amsterdams größter Flohmarkt

Kurzbeschreibung

Einer der größten Flohmärkte Amsterdams. Hier herrscht ein buntes Durcheinander von Brauchbarem und Ramsch. 188 Händler bieten dort Tausenderlei Dinge an. Das Publikum ist buntgemischt, Menschen aus allen Bevölkerungsschichten kommen auf den Waterlooplein, um nach Schnäppchen zu jagen.

Wissenswertes

Zwischen 1977 und 1988 wurde der Markt aufgrund von Baumaßnahmen auf dem Waterlooplein vorübergehend auf die Rapenburgstraat ausquartiert. Heute ist er jedoch wieder an seinem ursprünglichen Standort zu finden.

Wann und Wo?

Montags bis samstags von 9.00 bis 18.00 Uhr. Der Markt findet auf dem Platz Waterlooplein neben dem Rathaus statt.

Warenangebot

Auf diesem Flohmarkt findet man wohl alles außer Flöhen, jedoch hauptsächlich Kram und Trödel. Leider ist der Markt heute völlig kommerzialisiert.

Freizeittips

Amsterdam ist die »Stadt der Grachten«. Sicherlich darf eine Grachtenfahrt während eines Amsterdam-Besuches nicht fehlen. Nach ausgiebiger Stöberei auf dem Flohmarkt ist mit wenigen Schritten das Rembrandt-Haus erreicht. Es liegt im alten Judenviertel und der Maler Rembrandt van Rijn hat hier von 1639 bis 1658 gewohnt.

Anfahrtsweg

Am besten gelangt man mit den öffentlichen Verkehrsmitteln zum Markt. Die nächste U-Bahn-Station ist »Waterlooplein«, auch die Straßenbahnlinien 9 und 14 führen direkt dorthin.

Veranstalter

Marktwezen Amsterdam
Jan van Galenstraat 14
NL-1051 Amsterdam
Tel.: 00 31 / 20 / 6 82 36 55
Fax: 00 31 / 20 / 6 82 09 66

Frankreich

Frankreichs Märkte sind schon nahezu legendär. Von den großen Flohmärkten in Paris einmal abgesehen, sind die kleinen Wochenmärkte in der Provinz stets einen Besuch wert. Neben Obst und Gemüse findet sich hier immer auch Kleidung und Kunsthandwerk, so daß man überall ein günstiges Schnäppchen machen kann. Ein Spektakel der besonderen Art ist die Grande Braderie von Lille, bei der sich jedes Jahr im September die ganze Stadt hemmungslos ihrem Trödelrausch hingibt.

Lille – La Braderie de Lille

Wenn Lille verrückt spielt...

Kurzbeschreibung

Die Grande Braderie (wörtlich: große Verschleuderei) von Lille zieht jedes Jahr die größte Anzahl von Flohmarktfreunden Europas in die nordfranzösische Stadt. Zwei Millionen Besucher drängeln sich durch das Stadtzentrum, 10 000 Händler versuchen, ihre Waren an den Mann bzw. an die Frau zu bringen. Die Marktfläche erstreckt sich auf insgesamt 100 Kilometern entlang der Straßen. Für Trödelfreunde ist die Grande Braderie ein absolutes Muß, sie erleben die verrückte Atmosphäre eines Spektakels ohnegleichen.

Wissenswertes

Viele Verkäufer ergreifen drastische Maßnahmen, um sich einen guten Platz zu sichern. So ist es keine Seltenheit, daß Händler schon Nächte vor dem ersten Verkaufstag in ihren Autos oder in Notunterkünften auf ihrem auserwählten Platz schlafen, um ihn so gegen die starke Konkurrenz zu verteidigen.
Ein Tip für die Besucher: Am frühen Morgen kann man noch mit dem Fahrrad durch die Straßen von Lille fahren. Auf diese Weise bekommt man einen großen Teil des Angebots zu sehen.

Wann und Wo?

Die Grande Braderie findet jeweils am ersten Sonntag im September von 6.00 bis 15.00 Uhr statt. Jedoch beginnen viele Händler bereits am Samstag abend mit dem Verkauf ihrer Waren. Der Markt nimmt die gesamte Innenstadt von Lille in Beschlag.

Warenangebot

Hier findet man alles, was nicht niet- und nagelfest ist. Die Einwohner von Lille sowie fliegende Händler versuchen alles loszuwerden, was ihnen überflüssig erscheint. Ein Tip: Von ihrer malerischsten Seite zeigt sich die Grande Braderie, wenn man nachts mit der Taschenlampe stöbern geht. Zu dieser Zeit kann man die besten Schnäppchen machen, allerdings wird dann auch häufig heiße Ware angeboten.

Freizeittips

Einen Besuch in Lille sollte man mit einem Besuch in der Gemäldegalerie der Stadt im Palais des Beaux-Arts verbinden.

Anfahrtsweg

Die Grande Braderie nimmt die ganze Innenstadt von Lille in Beschlag, man kann sie also gar nicht verfehlen. Allerdings empfiehlt es sich wegen des großen Besucheranstroms, an diesem Tag nicht mit dem Auto in die nordfranzösische Stadt zu fahren. Am besten reist man von einer der umliegenden Ortschaften mit dem Zug an.

Weitere Informationen

Office de Tourisme
Place Rihour, F-59000 Lille
Markt-Infotel.: 00 33 / 3 / 20 49 54 42
Fax: 00 33 / 3 / 20 49 52 68

Paris – Puces de Clignancourt
Schnäppchen an der Seine

Kurzbeschreibung

Der Flohmarkt »Puces de Clignancourt« ist einer der größten und bekanntesten Flohmärkte der Welt. An über 2 000 Ständen bieten hauptsächlich Profis und Berufströdler ihre Waren an. Um ein echtes Schnäppchen zu machen, empfiehlt es sich, möglichst früh aufzustehen, da der Markt zu späterer Stunde oft hoffnungslos überlaufen ist. Am Wochenende bummeln bis zu 200 000 Neugierige und Interessierte durch die endlos scheinenden Reihen der Händler.

Wissenswertes

Schon im Mittelalter gab es in Paris Lumpensammler, die von den Reichen weggeworfene Gegenstände wieder in Ordnung brachten und dann weiterverkauften. Zu Beginn des 20. Jahrhunderts wurden diese Lumpensammler dann von den Antiquitätenhändlern verdrängt, dennoch kann man auch heute noch ab und zu einen Clochard unter den Händlern entdecken.

Anfahrtsweg

Am besten ist der Flohmarkt mit den öffentlichen Verkehrsmitteln zu erreichen, die nächste U-Bahn-Station ist »Porte de Clignancourt.« Falls Sie größere Einkäufe tätigen und deshalb mit dem Auto anreisen wollen, können Sie an der Tankstelle an der Porte de Clignancourt parken.

Wann und Wo?

Jeden Samstag, Sonntag und Montag zwischen 7.00 und 19.30 Uhr. Der Flohmarkt erstreckt sich über mehrere Straßen von der Avenue de la Porte de Clignancourt bis zur Rue des Entrepôts.

Warenangebot

Auf dem Puces de Clignancourt gibt es einfach alles: modernen Flitter und Schnickschnack, aber auch Antiquitäten, die aller-

dings oft überteuert sind. Auch Kaffee-
mühlen aus der Zeit der Jahrhundert
wende haben dort schon den Besitzer
gewechselt.

Insgesamt besteht der Puces de Clignancourt aus sieben verschiedenen Märkten:
Der älteste Teil des Marktes ist der Marché
Vernaison, den es bereits seit 1918 gibt
und auf dem in erster Linie Lampen, Möbel
sowie Nippes aus Bronze und Kupfer verkauft werden. Die meisten Antiquitätenhändler findet man auf dem Marché Biron.
Hier müssen für die angebotenen Waren
Echtheitszertifikate vorgelegt werden, der
Käufer kann sich also sicher sein, daß er
nicht übers Ohr gehauen wird. Der meist-
besuchte Markt ist der Marché Malik, auf
dem in erster Linie Klamotten zu finden
sind. Allerdings sind heute viele Kleidungsstücke von schlechter Qualität und auch
über die Preise läßt sich oft nicht verhan-
deln. Trotzdem kann man auch hier noch
echte Schnäppchen machen und z. B.
Original-Klamotten aus den sechziger und
siebziger Jahren günstig erstehen.

Freizeittips

Paris ist wohl die Stadt Europas, die ihrem
Besucher am meisten zu bieten hat. Im
Norden der Stadt befinden wir uns im
berühmten Stadtteil Montmartre. Ganz in
der Nähe der Kirche Sacré-Coeur liegt der
Place du Tertre. In seiner Umgebung liegen
in den steilen, malerischen Gäßchen viele
Bars und Kabaretts. Das berühmteste ist
wohl das Lapin Agile, 4 Rue des Saules.

Weitere Informationen

Office de Tourisme et des Congrès
de Paris
127, Avenue des Champs-Elysées
F-75008 Paris
Tel.: 00 33 / 1 / 49 52 53 35
Fax: 00 33 / 1 / 49 52 53 30

Hôtel de Ville de Saint Ouen
(Veranstalter)
Tel.: 00 33 / 1 / 49 45 67 89
Fax: 00 33 / 1 / 49 45 69 99

Kleidung und Kitsch

Kurzbeschreibung

Der Marché d'Aligre ist einer der belebtesten und kosmopolitischsten Märkte von Paris. Besonders am Wochenende ist hier die Hölle los. Hier wird in allen nur denkbaren Sprachen gehandelt, Menschen aus aller Herren Länder sind anzutreffen.

Wissenswertes

Ins Leben gerufen wurde der Markt vom Vorsteher der benachbarten Abtei, der Kleiderverkäufern gestattete, ihre Waren an Bedürftige zu verkaufen. Seine einzige Bedingung: die Ware mußte billig sein.

Dieser Geist hat sich gehalten, auch heute noch kann man auf dem Marché d'Aligre die billigsten Einkäufe in Paris tätigen.

Wann und Wo?

Dienstags bis sonntags von 8.00 bis 13.00 Uhr. Der Markt erstreckt sich von der Place d'Aligre aus über mehrere Straßen im 11. Arrondissement von Paris.

Warenangebot

Auch heute noch gibt es auf dem Marché d'Aligre in erster Linie Kleidung aus zweiter Hand von flippig bis edel. Außerdem finden sich unter der Woche auch viele Trödler, die samstags und sonntags auf den großen Flohmärkten von Vanves oder Montreuil anzutreffen sind. Die beste Zeit für Schnäppchenjäger sind die Mittagsstunden, da viel Händler ihre Waren lieber billig verkaufen, als sie wieder mit nach Hause zu nehmen.

Freizeittips

Ebenfalls im 11. Arrondissement liegt die Place de la Bastille, an der einst das berühmte Gefängnis Bastille stand, dessen Stürmung am 14. Juli 1789 die Französische Revolution einleitete. Heute sind von diesem Bauwerk nur noch einige Überreste am Bahnsteig der Metro-Linie Pantin – Place d'Italie zu sehen.

Anfahrtsweg

Die dem Flohmarkt am nächsten gelegene U-Bahn-Station ist »Ledru-Rollin.«

Paris –
Puces de Montreuil

Ganz Paris
in Montreuil

Kurzbeschreibung

Buntgemischtes Publikum und exotisches Flair – so läßt sich der Flohmarkt in Montreuil in einem Satz zusammenfassen. Besucher sollten mindestens einen Vormittag für den Flohmarktbesuch einplanen, denn nur so können sie sich durch das vielfältige Angebot wühlen und günstige Schäppchen machen.

Wissenswertes

Mittlerweile ist die Gewerkschaft der Flohmarkthändler in Paris so mächtig geworden, daß sich die Trödler bereits beklagen, weil sie angeblich keine Plätze mehr bekommen. Gerade in Montreuil scheint dies zuzutreffen, haben sich doch in letzter Zeit die Händler von Gebrauchtkleidung hier ganz schön breit gemacht.

Wann und Wo?

Samstags, sonntags und montags von 6.30 bis 13.00 Uhr. Der Markt geht aus von der Place de Montreuil im 20. Arrondissement und erstreckt sich von dort über die Straßen Avenue Porte Montreuil, Rue d'Alembert und Rue Victor Hugo.

Warenangebot

Auch hier findet man wieder alles, was die Herzen der Flohmarktfreunde in die Höhe schnellen läßt: Second-hand-Klamotten, Musikinstrumente, Bücher und Zeitschriften, Brillen, Badeanzüge, Postkarten und jede Menge Dinge, die eigentlich niemand braucht.

Freizeittips

Ebenfalls im 20. Arrondissement befindet sich der bekannte Friedhof Père Lachaise. Eine Vielzahl von berühmten Menschen ist hier begraben, so z. B. Oscar Wilde, Edith Piaf und Jim Morrison.

Anfahrtsweg

Am besten ist der Flohmarkt mit den öffentlichen Verkehrsmitteln zu erreichen. Die nächste U-Bahn-Station ist »Porte de Montreuil.«

Weitere Informationen
für beide Flohmärkte

Office de Tourisme et des Congrès de Paris
127, Avenue des Champs-Elysées
F-75008 Paris
Tel.: 00 33 / 1 / 49 52 53 35
Fax: 00 33 / 1 / 49 52 53 30

Pariser Flair auf dem Flohmarkt

Kurzbeschreibung

Auf dem Flohmarkt »Puces de Vanves« finden Kauf- und Schaulustige alles, was die Franzosen unter »brocante« (Antiquitätenhandel) verstehen. Oft handelt es sich dabei jedoch um heiße Ware, was man oft daran erkennen kann, daß die Händler ihre Waren aus Koffern verkaufen und auffällig oft ihren Standort wechseln.

Schnickschnack und Krimskrams – es gibt nichts, was es auf diesem Flohmarkt nicht gibt.

Freizeittips

Im Viertel Plaisance-Pernety befindet sich eine Vielzahl von Bistros und populären Restaurants, die den Flohmarktbesucher zum Verweilen und Schlemmen einladen. Neben der Metro-Station »Pernety« sind noch einige der alten dörflichen Straßen erhalten geblieben, so z. B. die Rue Plaisance und die Rue Pernety, in denen noch ein paar Handwerker anzutreffen sind.

Wissenswertes

Flohmärkte gehören zum Pariser Leben wie der Eiffelturm, man kommt einfach nicht an ihnen vorbei. Der Flohmarkt Puces de Vanves liegt im 14. Arrondissement im Stadtteil Plaisance-Pernety, der erst seit knapp einem Jahrhundert zu Paris gehört.

Wann und Wo?

Jeden Samstag und Sonntag zwischen 7.00 und 19.30 Uhr (Trödelmarkt). Von 14.00 bis 19.30 dürfen zusätzlich auch Neuwaren verkauft werden. Der Flohmarkt erstreckt sich über die Straßen Avenue de la Porte de Vanves, Avenue Georges Lafenestre und Rue Marc Sangnier.

Warenangebot

Ein buntes Sammelsurium aus Alt- und Neuwaren. Bilder, Wäsche, alte Juwelen,

Anfahrtsweg

Am besten ist der Flohmarkt mit den öffentlichen Verkehrsmitteln zu erreichen. Die nächste U-Bahn-Station ist »Porte de Vanves.«

Weitere Informationen

Office de Tourisme et des Congrès de Paris
127, Avenue des Champs-Elysées
F-75008 Paris
Tel.: 00 33 / 1 / 49 52 53 35
Fax: 00 33 / 1 / 49 52 53 30
Hôtel de Ville de Vanves
(Veranstalter)
Tel.: 00 33 / 1 / 46 45 21 60
Fax: 00 33 / 1 / 46 45 56 30

Nippes und Nierentische

Kurzbeschreibung

Auf der Place de la Grande Boucherie herrscht mittwochs und samstags ein dichtes und buntes Gedränge. Antiquitäten-Liebhaber und Jugendliche mit schmalem Geldbeutel kommen hierher, um ihre Kauflust zu besänftigen.

Wissenswertes

Der Flohmarkt ist Treffpunkt vieler Nationalitäten. Nordafrikanische Einwanderer kann man hier ebenso beim Stöbern beobachten wie Europaratsbeamte.

Wann und Wo?

Mittwochs und samstags von 9.00 bis 18.00 Uhr. Der Markt findet auf der Place de la Grande Boucherie direkt vor dem Musée Historique statt.

Warenangebot

Second-hand-Kleidung, Kuriositäten, alte Möbel und antiquarische Bücher, Nippes aus Omas Wohnzimmer – hier bleibt kein Wunsch offen. Zahlreiche nordafrikanische Einwanderer verleihen dem Angebot Farbe und Exotik.

Freizeittips

Sehenswert ist vor allem die Cathédrale Notre-Dame, das Münster von Straßburg. Ebenfalls einen Besuch wert ist das Musée de l'Oeuvre Notre-Dame (Frauenhausmuseum). Dieses Museum wurde im 13. Jahrhundert geschaffen. Es diente zur Überwachung des Baus des Münsters. Unter vielen wertvollen Exponaten befinden sich auch jüdische Epitaphen aus der Zeit vor dem 14. Jahrhundert.

In unmittelbarer Nähe des Flohmarkts befindet sich das Musée Historique (Historisches Museum), das sich mit der Geschichte der Stadt Straßburg befaßt.

Anfahrtsweg

Die Place de la Grande Boucherie liegt an der Ill, etwa 100 Meter südwestlich des Münsters.

Weitere Informationen

Office de Tourisme
10, place Gutenberg
F-67000 Straßburg
Tel.: 00 33 / 3 / 88 52 28 88
Fax: 00 33 / 3 / 88 52 28 29

Spanien

Wenn man an Flohmärkte
in Spanien denkt, fällt einem
sofort der Rastro in Madrid
ein. Doch auch abseits dieses
»Giganten unter den spanischen Märkten« hat die
iberische Halbinsel einiges
zu bieten. Auf der Balearen-
insel Ibiza findet sich eine
Vielzahl von Hippiemärkten,
in Städten wie Sevilla oder
Barcelona kann man gün-
stige Schnäppchen machen
– ja, selbst die Sonnen-
anbeter von Mallorca
können auf dem Mercado
baratillo in Tand und
Trödel wühlen.

Barcelona – Els Encants de Sant Antoni
Riesenauswahl in Katalanien

Kurzbeschreibung
Barcelonas Märkte gehören mit zum Spannendsten, was die katalanische Stadt zu bieten hat. Der größte von ihnen ist der Markt von Sant Antoni. Bereits 1882 gegründet, umfaßt er heute 748 Verkaufsstände, die Kauf- und Schaulustige zum Stöbern und Bummeln einladen.

Wissenswertes
Der Stadtteil Eixample, in dem sich Markt befindet, ist eine Entwicklung des Modernisme, eines vor allem in Barcelona beheimateten Baustils, der alle Varianten vom späten Historismus bis hin zum Jugendstil vereint.

Wann und Wo?
Jeden Montag, Mittwoch, Freitag und Samstag von 8.00 bis 20.00 Uhr (Flohmarkt), Sonntag von 9.00 bis 15.00 Uhr (Büchermarkt). Der Markt liegt südwestlich der Altstadt auf einer quadratischen Fläche zwischen den Straßen Comte d'Urgell, Comte Borrell, Manso und Tamarit.

Warenangebot
An den Werktagen finden die Marktbesucher hier in erster Linie Kleidung, sonntags werden auch Bücher, Zeitschriften, Postkarten und Münzen verkauft.

Freizeittips
Touristeninformation: Turisme de Barcelona, Gran Vía de les Corts Catalunes 658, E-08010 Barcelona, Tel.: 00 34 / 3 / 2 37 90 45, Fax: 00 34 / 3 / 2 38 31 70
Zudem finden Sie Tourismusbüros auch an den Bahnhöfen, Flugplätzen und im Pueblo Espaniol.
Barcelona bietet dem Besucher eine Unmenge an Sehenswürdigkeiten. Viele Museen und Kirchen laden den Besucher zum Verweilen ein. Etwas Besonderes ist sicherlich das Kolumbusdenkmal. Sie fahren mit einem Aufzug bis zur obersten Galerie und können von dort eine herrliche Aussicht genießen.

Anfahrtsweg
Am besten begibt man sich mit den öffentlichen Verkehrsmitteln zum Marktplatz. Die nächste U-Bahn-Station ist »San Antoni.«

Veranstalter
Fed. Gremis i Mercats de Catalunya
Manso, 14
E-08014 Barcelona
Tel.: 00 34 / 3 / 4 24 64 00
Fax: 00 34 / 3 / 3 25 16 62

Estepona – Avda. Juan Carlos I

Schnickschnack an der Costa del Sol

Kurzbeschreibung

Der Flohmarkt in Estepona besticht den Besucher durch seine Tradition und Vielfältigkeit. Etwa 250 Händler laden hier jeden Mittwoch zum ausgiebigen Stöbern und Bummeln ein.

Wissenswertes

28 Kilometer westlich von Marbella gelegen, wirkt Estepona im Vorbeifahren wie jeder andere Ort an der Costa del Sol: Hotelhochhäuser und die Strandpromenade scheinen das Stadtbild zu beherrschen. Macht man sich jedoch die Mühe, ins Zentrum der Stadt hineinzufahren, so wird man entdecken, daß sich Estepona

Anfahrtsweg

Der Markt findet direkt in der Stadtmitte statt, Besucher müssen also nur den Wegweisern Richtung Zentrum folgen. Kostenlose Parkplätze stehen in ausreichender Menge zur Verfügung.

Estepona wurde von den Römern gegründet. Die Reste des römischen Aquädukts von Salduba deuten auf diese Vergangenheit hin. Auch die Pfarrkirche (1774) mit ihrem barocken Turm und der malerische Fischereihafen zählen zu den Sehenswürdigkeiten Esteponas.

Weitere Informationen
Estepona Tourist Office
Avda. San Lorenzo I
E-29680 Estepona
Tel.: 00 34 / 5 / 2 80 20 02
Fax: 00 34 / 5 / 2 79 21 81

noch nicht völlig dem hemmungslosen Tourismus hingegeben hat. Mit seinen 34 000 Einwohnern hat es sich den Charme einer Kleinstadt bewahrt und ist vom Trubel der übrigen Badeorte verschont geblieben.

Wann und Wo?
Jeden Mittwoch von 10.00 bis 14.00 Uhr. Der Markt findet direkt in der Stadtmitte von Estepona, in der Avda. Juan Carlos I, statt.

Warenangebot
Auf dem Flohmarkt in Estepona findet man ein buntes Durcheinander von Trödel und Krimskrams. Die große Auswahl an Ständen läßt (fast) keine Sammlerwünsche unbefriedigt.

123

Ibiza – Las Dalias
Klein, aber fein

Kurzbeschreibung

Reizvolles Ambiente, Kunsthandwerk und eine entspannte südliche Atmosphäre – all dies lädt den Flohmarktfreund auf dem Markt Las Dalias zum Stöbern und Verweilen ein. Etwa 70 Stände verteilen sich rund um das Restaurant Las Dalias und laden Alt- und Neuhippies zu einem gemütlichen Bummel ein.

Wissenswertes

Der Hippiemarkt Las Dalias ist zwar kleiner, jedoch weitaus origineller und traditionsreicher als der bekanntere Es Canar. Hier finden sich die letzten echten Hippies auf Ibiza.

Wann und Wo?

Jeden Samstag von 10.00 Uhr bis 19.00 Uhr, das ganze Jahr hindurch. Veranstaltungsort sind die Arkaden rund um das Restaurant Las Dalias, ganz in der Nähe von San Carlos.

Anfahrtsweg

Der Markt liegt in nördlicher Richtung von Santa Eulalia, etwa einen Kilometer vor San Carlos. Sowohl mit dem Auto als auch mit den öffentlichen Verkehrsmitteln kann Las Dalias gut erreicht werden.

Warenangebot

Kunsthandwerk, Bio-Produkte, Batik, Rucksäcke, Glaskust, Schmuck aus Silber, Keramik usw. – all das und noch viel mehr findet man auf dem Markt Las Dalias.

Freizeittips

Nach einem ausgiebigen Bummel auf dem Markt locken der Strand oder ein gemütliches Café zur Erholung.

124

Wo Hippie-Herzen höher schlagen

Kurzbeschreibung

Der Markt Es Canar ist der größte und bekannteste Hippiemarkt auf Ibiza. Etwa 600 Stände laden dort zum Bummeln ein. Es herrscht immer großes Gedränge, die Qualität der angebotenen Waren ist jedoch unterschiedlich.

Wissenswertes

Hippiemärkte gehören fest zum Bild der Insel Ibiza. Hier finden sich viele Althippies aus den 60er Jahren und ihre spirituellen Nachkommen, die auf der malerischen Insel ihre Ideale von »Peace, Love und Happiness« zu verwirklichen suchen. So bunt wie der Lebensstil der Hippies ist auch das Warenangebot der Märkte.

Anfahrtsweg

Der Markt kann sowohl mit dem Auto als auch mit öffentlichen Verkehrsmitteln erreicht werden. Von Montag bis Freitag verkehrt jede halbe Stunde ein Bus zwischen Santa Eulalia und Es Canar. Auch mit dem Boot kann man von Ibiza Stadt und Santa Eulalia anreisen.

Wann und Wo?

Jeden Donnerstag von 10.00 bis 19.00 Uhr. Der Markt findet auf einem großen Feld vier Kilometer nördlich der Stadt Santa Eulalia statt (Hinweisschilder beachten).

Warenangebot

Auf dem Markt findet sich alles, was das Hippie-Herz begehrt: Kunsthandwerk, Trödel, vereinzelte Antiquitäten, Nippes sowie allerlei Exotisches aus Indien, Lateinamerika und Afrika. Essen darf nicht verkauft werden, jedoch finden sich in der Nähe des Marktes einige Restaurants, in denen Bummler ihren Hunger stillen können.

Freizeittips

Nach einem ausgiebigen Bummel auf dem Markt locken der Strand oder ein gemütliches Café zur Erholung.

Weitere Informationen

Formento de Turismo
c/ Historiador J. Clapes 4, E-Ibiza
Tel.: 00 34 / 71 / 30 24 90
Fax: 00 34 / 71 / 30 22 62
Club Punta Arabi (Veranstalter)
Tel.: 00 34 / 71 / 33 06 50

Bei Las Dalias:
Juan Mari (Veranstalter)
Tel.: 00 34 / 71 / 33 50 42

Madrid – El Rastro

Antikes und Ausgefallenes in Madrids Altstadt

Kurzbeschreibung

Der Rastro ist der wohl bekannteste Markt in Madrid. Er liegt im Viertel Barrios Bajos im Süden der spanischen Hauptstadt. Hier stößt der Flohmarktbummler auf ein buntes Nebeneinander von festen Läden und Straßenhändlern. Rund 250 000 Besucher drängeln sich jedes Wochenende in den steilen Straßen der Altstadt. Nach einem Aufstand der Anwohner mußte die Zahl der Marktstände auf 1800 begrenzt werden. Bekannt sind auch die »Straße der Maler« und die »Straße der Vögel«. In das malerische Bild des Marktes fügt sich eine Zahl von Künstlern, denen man beim Herstellen ihrer Werke zuschauen kann.

Wissenswertes

Der Name »Rastro« geht auf das 17. Jahrhundert zurück. Zu dieser Zeit befand sich am heutigen Marktplatz ein Schlachthof

Anfahrtsweg

Am besten ist der Rastro mit den öffentlichen Verkehrsmitteln zu erreichen. Die nächste U-Bahn-Station ist »La Latina.« Auch die Buslinien 36, 41 und 60 führen zum Markt.

und »Rastro« war der Ort, an dem die blutigen Innereien verkauft wurden. Dazu wurden Brot, Gemüse und andere Nahrungsmittel angeboten. Mit dem Beginn des 20. Jahrhunderts gesellten sich schließlich fliegende Händler zu den Verkaufsleuten und begannen, alles an den Mann zu bringen, was nicht niet- und nagelfest war.

Wann und Wo?

Montags bis samstags von 9.00 bis 15.00 Uhr, sonntags von 9.00 bis 14.00 Uhr. Ausgangspunkt ist die Plaza de Cascorro, von dort erstreckt sich der Markt dreiecksförmig über mehrere Straßen. Teile des Rastro sind die Calle San Cayetano, die »Straße der Maler«, (sonntags) und die Calle Fray Ceferino González, die »Straße der Vögel«.

Hinweis: Sonntags zeigt sich der »Rastro« zwar von seiner buntesten, aber auch von seiner überfülltesten Seite. Wer auf der Jagd nach wertvollen Antiquitäten ist, sollte sich deshalb unter der Woche auf die Suche machen, da die bekanntesten Antiquitätenläden sonntags oft geschlossen sind, um dem großen Ansturm zu entgehen. Viele Antiquitätenhändler haben sich auch aus dem direkten Straßenverkauf zurückgezogen und ihre Geschäfte in die Galerías (Innenhöfe) an der Ribera de Curtidores verlagert.

Warenangebot

In den Läden in den Marktstraßen werden Antiquitäten, Kleidung (neu und secondhand), Möbel und allerlei andere Schnäppchen angeboten. Dabei ist die wichtigste Straße für Trödel und Antiquitäten die Ribera de Curtidores. Während man hier ein buntgemischtes Durcheinander von Menschen aus allen Bevölkerungsgruppen findet, ist die Calle de Embajadores eher städtisch und kleinbürgerlich. Überall verkauft eine Vielzahl von Straßenhändlern Krimskrams, Klamotten und Kunsthandwerk. In der »Straße der Maler« findet der Kunstliebhaber Gemälde und Künstlerbedarf, in der »Straße der Vögel« wechseln auch Katzen, Hunde und Schildkröten ihre Besitzer.

Freizeittips

Touristeninformation: Das Ministerio de Transportes Turismo y Comonicaciones unterhält drei Büros. Eines in der Calle de la Princesa 1, ein anderes am Estacion de Chamartin und das dritte in der Empfangshalle des Flughafens Barajas.

Die Mitte der Altstadt bildet der Platz Puerta del Sol. Ein wenig nördlich dieses Platzes verläuft die Gran Via. Durch diese 1910 angelegte breite Straße wird die Altstadt in einen nördlichen und den sehenswerten südlichen Teil gegliedert. Hier findet man neben vielen interessanten Plätzen und anderen Sehenswürdigkeiten (z. B.: Museo del Prado) sicherlich die ein oder andere typisch spanische Kneipe.

Weitere Informationen

Oficina Municipal de Información
Plaza Mayor 3
E-Madrid
Tel.: 0034 / 1 / 2 66 54 77

Meer und Mercado

Kurzbeschreibung

Mallorca ist des Deutschen liebste Urlaubsinsel. Doch wer macht sich schon einmal die Mühe, für ein paar Stunden den geliebten Strand zu verlassen und die Insel zu erkunden? Dabei lohnt sich ein Besuch des Mercado baratillo für den einen oder anderen Schnäppchenjäger bestimmt.

Wissenswertes

Etwa 150 Händler versuchen auf dem traditionellen Flohmarkt regelmäßig, Touristen und Einheimische zum Geldausgeben zu animieren.

Wann und Wo?

Jeden Samstag von 8.00 bis 14.00 Uhr. Der Markt findet in Palmas neuem Stadtviertel Polígno de Levante zwischen den Avenidas México, Puerto Rico und Callao statt.

Warenangebot

Alte Möbel, Klamotten, Lederwaren – dies sind nur drei Beispiele für das bunte Sortiment des Mercado baratillo. Schon so mancher Urlauber hat hier ein ungewöhnliches Souvenir erbeutet und stolz mit nach Hause gebracht. Vorsicht ist jedoch bei den Antiquitäten geboten: Oft sind diese nicht so antik, wie sie wirken.

Freizeittips

Beachtenswert in Palma de Mallorca ist sicherlich der wunderschöne Dom, der sich über der Stadt erhebt. Wer allerdings eine Abkühlung braucht, findet entweder ein schattiges Plätzchen in einer Kneipe oder kann ein Bad im Meer genießen.

Anfahrtsweg

Palma ist eine handliche Stadt, in der jedoch große Parkplatzknappheit herrscht. Deshalb empfiehlt es sich, das Auto am Hafen abzustellen und sich zu Fuß oder mit den öffentlichen Verkehrsmitteln auf Erkundigungstour zu begeben. Der Markt liegt nördlich der Plaza Mayor.

Weitere Informationen

Ajuntament de Palma
Seccio de Turisme
Tel.: 00 34 / 71 / 72 40 90
Fax: 00 34 / 71 / 72 02 40

Sevilla – El lueves

Stöbern unter Spaniens Sonne

Kurzbeschreibung

Südliches Flair in einer malerischen Stadt – so könnte man den Markt El lueves in Sevilla beschreiben. Antiquitätenfreunde können hier allerlei finden, was ihre Herzen höher schlagen läßt.

Wissenswertes

Im Jahre 1992 wurde Sevilla zum Mittelpunkt der gesamten ibero-amerikanischen Welt. Damals fand hier die Weltausstellung anläßlich des 500. Jubiläums der Entdeckung Amerikas statt.

Wann und Wo?

Jeden Donnerstag von 8.00 bis 13.00 Uhr. Der Markt befindet sich in der Calla Feria im Norden der Stadt.

Warenangebot

In erster Linie werden hier Gebrauchtwaren und Antiquitäten angeboten.

Freizeittips

Touristeninformation: Avenida Queipo de Llano 9-B.
In Sevilla wird dem Besucher gleich das südliche Leben und Treiben in den Straßen auffallen. Die Stadt besitzt einen höchst malerischen Charakter. Auf jeden Fall sollte der Besucher nicht am Alcazar, der alten maurischen Königsburg, und der Kathedrale vorbeigehen. Der höchste Turm der Kathedrale, die Giralda, ist gleichzeitig das Wahrzeichen der Stadt.

Anfahrtsweg

Der Markt liegt im Norden der Stadt, ganz in der Nähe des Klosters Santa Catalina.

Weitere Informationen

Oficina de Turismo
Avenida de la Constitución 21
E-Sevilla
Tel.: 00 34 / 5 / 4 22 14 04
Fax: 00 34 / 5 / 4 22 97 53

129

Portugal

»Feira da Ladra«, Markt der Diebe, heißt ein Flohmarkt auf portugiesisch. Egal, ob man dies nun als eine Warnung vor Taschendieben oder zynischer als Hinweis auf die Herkunft der Waren ansieht, eines muß man den portugiesischen Märkten lassen: nur selten lassen sie Einkaufswünsche unbefriedigt.

Auch wenn die Feira da Ladra in Lissabon schon sehr auf ausländische Besucher ausgerichtet ist, kann man auf dem Land doch noch Lokalkolorit pur erleben. So sind die portugiesischen Feiras häufig Markt und Kirmes zugleich, jedesmal sind sie Anlaß für wahre Volksaufläufe. Regionale Produkte kann man hier zu günstigen Preisen einkaufen.

Lissabon – Feira da Ladra

Der Kunde ist König

Kurzbeschreibung

1994 war Lissabon Kulturhauptstadt Europas. Dabei wird jedoch oft die ganz normale Alltagskultur einer Stadt übersehen. In Lissabon gehört hierzu sicherlich die Feira da Ladra (wörtlich: »Markt der Diebe«). Hier ist der Kunde König, auch wenn er betrogen wird. Auffallend ist das von vielen Ausländern und Landsleuten geprägte Erscheinungsbild des Marktes.

Wissenswertes

Alfama ist der älteste Stadtteil Lissabons. Hier findet der Besucher ein Labyrinth aus Gassen, lauschigen Plätzen und alten Palästen; der Flohmarkt Feira da Ladra wird bereits seit 1882 hier abgehalten. Heute ist der Markt eine Touristenattraktion, deshalb werden die Preise im Sommer oft um 20% heraufgesetzt.

Wann und Wo?

Dienstags und samstags von 9.00 bis 18.00 Uhr. Der Markt findet im Stadtteil Alfama, auf dem Campo Santa Clara hinter der Kirche São Vicente statt.

Warenangebot

Hier gibt es alles, was dem einen überflüssig ist, dem anderen aber nützlich sein könnte: Haushaltsgeräte, Klamotten, Trödel und Krimskrams. Ab und zu kann man hier auch echte Antiquitäten recht billig erstehen. Am oberen Ende des Marktes finden sich hauptsächlich Stände mit Hongkong-Ware.
Außerhalb der Touristensaison sind hier vornehmlich Stände, die den täglichen Bedarf der weniger finanzkräftigen Lissaboner decken: Konfektionskleidung, Möbel, Schuhe, Hausrat, Radios, Kassettenrecorder. Eben nicht nur ein Krammarkt, sondern eher ein riesiges Einkaufszentrum. In der Mitte gibt es eine überdachte Gemüse-, Obst-, Fisch- und Fleischhalle. Etablierte Kramläden findet man oberhalb des Parks vom Militärgerichtshof. Spezialität des Lissaboner Krammarktes: der Altmünz-Handel.

Freizeittips

Touristeninformation: Palázio Foz, Praca dos Restauradores und im Flughafengebäude.

Alfama nennt sich der älteste Teil Lissabons. Es ist das Viertel der kleinen Leute mit engen Gassen und Treppen. Dort begegnet man auch den berühmten Lissaboner Fischweibern, die mit ihrem flachen Korb auf dem Kopf vom Hafen am Tejo den Hügel hinaufsteigen. Einen Besuch wert ist sicherlich der Burgberg Castelo de São Jorge.

Anfahrtsweg

Am besten ist der Markt mit den öffentlichen Verkehrsmitteln zu erreichen. Die Straßenbahnlinien 12 und 28 führen zum Campo Santa Clara.

Weitere Informationen

Direcção-Geral do Turismo
Av. António Augusto de Aguiar, 86
P-1050 Lissabon
Tel.: 0 03 51 / 1 / 57 50 86
Fax: 0 03 51 / 1 / 57 52 20

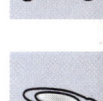

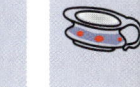

131

Porto – Feira de Vandoma

Krimskrams vor mittelalterlicher Kulisse

Kurzbeschreibung

Auf dem Flohmarkt Feira de Vandoma lassen sich vor mittelalterlicher Kulisse kleine und große Schätze ausgraben. Dieser Markt ist der einzige in ganz Portugal, auf dem ausschließlich alter Krempel angeboten wird. Neben Privatpersonen versuchen auch viele professionelle Händler, ihre Waren unters Volk zu bringen.

Wissenswertes

Porto ist eine kühle Kaufmannsstadt. Sie ist gleichermaßen bekannt für ihre gold-überzogenen Kirchen und ihre kühnen Brückenkonstruktionen. Der Kaufmanns-geist von Porto spiegelt sich auch in der Atmosphäre des Marktes wieder, ist diese doch weit weniger überschwenglich als auf der Feira da Ladra in Lissabon. Vielleicht liegt dies aber auch an der den Nordportu-giesen nachgesagten schroffen Mentalität.

Anfahrtsweg

Die Kathedrale Sé liegt in der Altstadt von Porto. Sie ist weithin sichtbar und für die Besucher der Stadt nicht zu verfehlen.

Wann und Wo?

Samstags von 8.00 bis 13.00 Uhr. Der Flohmarkt findet auf dem Platz vor der Kathedrale Sé statt.

Warenangebot

Auf dem Markt findet man neben Produkten aus dem Umland auch Kunstgewerbliches, Haushaltsartikel und Kleidung.

Freizeittips

Die Kathedrale Sé wurde im 12. und 13. Jahrhundert auf dem höchsten Punkt der mittelalterlichen Stadt erbaut. Ihr größter Schatz ist der Altar do Sacramento links vor dem Chor. Er ist aus reinem Silber und stammt aus den Jahren 1632 bis 1732. Nicht zuletzt ist Porto auch die Heimat des Portwein. Einen Besuch in einer der zahlreichen Weinkellereien der Stadt sollte man sich deshalb nicht entgehen lassen.

Weitere Informationen

Posto de Turismo
Rua do Clube dos Fenianos 25
P-4000 Porto
Tel.: 0 03 51 / 2 / 31 27 40

Italien

Wenn man an Italien denkt, so fällt einem neben Sonne, Strand und Meer auch die italienische Vergangenheit mit ihren Schätzen aus der Antike ein. Tatsächlich wird auch heute in Italien noch viel mit Antiquitäten gehandelt, allerdings stammen diese dann doch nicht mehr aus der Römerzeit. Besondere Leckerbissen für Antiquitätenfreunde sind die Fiera Antiquaria von Arezzo und die Biennale dell'Antiquariato von Florenz. Aber auch die Krimskrams- und Trödelfreunde kommen unter südlicher Sonne auf ihre Kosten. Großstädte wie Mailand, Rom oder Florenz locken mit ihren regelmäßig stattfindenden Flohmärkten eine Vielzahl von Bummlern und Müßiggängern an.

Arezzo – Fiera Antiquaria d'Arezzo

Fundgrube für Antiquitätenfans

Kurzbeschreibung

Hier findet der vielleicht bedeutendste Antikmarkt ganz Italiens statt. Auf der Fiera Antiquaria d'Arezzo erscheinen zwischen sechs- und siebenhundert Händler mit dem vielfältigsten Sortiment. Mit ihren Ständen nehmen sie dann die ganze Altstadt in Beschlag.

Wissenswertes

Arezzo (92 000 Einwohner) liegt in der Toskana, am Zusammenfluß von Arno und Ciana. Schon zu Etrusker- und Römerzeiten war die Stadt ein bedeutendes Handelszentrum. Diese Tradition versucht der Antikmarkt heute fortzusetzen. Wie auch die anderen Städte im Chianatal ist Arezzo eine wahre Fundgrube für Antiquitätenfans, neben dem Markt finden sich hier auch viele Antiquitätenfachgeschäfte und Restaurierungswerkstätten.

Wann und Wo?

Jeden ersten Sonntag im Monat. Der Markt wird auf der Piazza Grande im Herzen der Altstadt abgehalten, oft ziehen sich die Stände auch bis zum Dom hin. Am bekanntesten ist der Markt im September, da er zeitgleich mit dem Sarazenerturnier Giostra del Saracino stattfindet.

Warenangebot

Der Antikmarkt in Arezzo ist ein wahres Mekka für Sammler von alten Möbeln und Antiquitäten. Doch auch Freunde von Krimskrams und Trödel können hier mit Sicherheit fündig werden. An der Südseite des Platzes finden sich viele feste Antiquitätengeschäfte, die auch außerhalb der Markttage geöffnet sind.

Freizeittips

Piazza Grande: Die asymmetrische, leicht abschüssige Piazza Grande ist der Hauptplatz der Stadt. Mittelalterliche Häuser und Türme säumen ihn. Sein heutiges Bild erhielt er im wesentlichen im 13. und 14. Jahrhundert. Eine Besichtigung wert ist sicherlich die Kirche San Francesco mit dem Freskenzyklus von Piero della Francesca, einem Höhepunkt der Renaissancemalerei.

Anfahrtsweg

Die Piazza Grande liegt direkt in der Stadtmitte von Arezzo, in der Nähe des Parks Prato. Deshalb stets der Beschilderung »Centro« folgen.

Weitere Informationen

EPT (Fremdenverkehrsamt)
Piazza Risorgimento 116
I-52100 Arezzo
Tel.: 00 39 / 575 / 2 08 39

135

Florenz – Biennale dell'Antiquiariato
Antiquitäten in Hülle und Fülle

Kurzbeschreibung

Die Biennale dell'Antiquiariato ist eines der wichtigsten Zentren des Antiquitätenhandels in Italien, jedoch findet der Markt nur alle zwei Jahre statt. Selbstverständlich werden hier höhere Preise als auf einem gewöhnlichen Flohmarkt verlangt, jedoch noch in angemessenem Rahmen.

Wissenswertes

Bereits seit 40 Jahren versammeln sich Antiquitätenfreunde aus Italien und dem Ausland im Herbst in Florenz, um ihre Sammlerleidenschaft auszuleben.

Wann und Wo?

Der Markt findet alle zwei Jahre im September oder Oktober statt, und zwar immer in den ungeraden Jahren. Abgehalten wird die Biennale dell'Antiquiariato im Palazzo Strozzi, im westlichen Teil der Altstadt.

Warenangebot

Angeboten werden Antiquitäten aus verschiedenen Epochen.

Freizeittips

In der Toskana, so sagt man, wird die klassische italienische Küche zubereitet. Diese typische Kost bieten die Trattorien oder die Osterien. Natürlich sollten Sie auch den weltberühmten Wein der Toskana, den Chianti, genießen.

Anfahrtsweg

Der Palazzo Strozzi liegt an der gleichnamigen Piazza, südöstlich des Bahnhofes Stazione S. M. Novella, ganz in der Nähe des Domes.

Florenz –
Mercato delle Pulci
Plüsch und Plunder

Kurzbeschreibung

Die Florentiner Märkte üben auf jung und alt, Fremde und Einheimische gleichermaßen eine große Anziehungskraft aus. Auf der Piazza dei Ciompi ist ein Dauerflohmarkt beheimatet, der täglich eine große Menge von Schau- und Kauflustigen anzieht. Wertvolle Objekte und liebenswerter Ramsch verlocken Bummler und Müßiggänger zum Geldausgeben. Trotz vielfältigem Angebot wird es jedoch immer schwieriger, echte Schnäppchen zu machen.

Wissenswertes

Der Flohmarkt ist im alten Viertel der Wollweber beheimatet. Die Stände sind überdacht, das Warenangebot ist in einer Reihe kleiner Holzhütten zu finden.

Wann und Wo?

Dienstags bis samstags von 8.30 bis 12.30 Uhr und von 15.30 bis 19.30 Uhr. Die Händler legen großen Wert auf ihre Siesta, deshalb sind die Stände in den Mittagsstunden geschlossen. Der Markt findet auf der Piazza dei Ciompi statt, die in der Nähe der Piazza Santa Croce liegt. Am letzten Sonntag im Monat (außer im Juli und August) findet der »Mercato del Piccolo Antiquariato«, ein richtiger Flohmarkt, statt, d. h. hier wird alles verkauft, was

Großmutters Keller hergibt. Dann dehnt sich der Markt auch auf die angrenzenden Straßen aus.

Warenangebot

Plüsch, Plunder, Lampen, alte Möbel, Geschirr, Antiquitäten, Schmuck, Postkarten, Zeitungen, Fotos aus der Zeit der Jahrhundertwende, Fernsehgeräte aus den 50er Jahren und Orden – dies sind nur ein paar Beispiele aus dem vielfältigen Angebot des Mercato delle Pulci. Besondere Erwähnung verdient der Art-déco-Stand, wo man noch so manches Kleinod günstig erstehen kann.

Freizeittips

In der Nähe des Marktes befindet sich die Kirche Santa Croce aus dem Jahre 1294. Sie ist die zentrale Grabkirche der Florentiner Geistesgrößen. So finden unter anderem Michelangelo und Galileo hier ihre letzte Ruhestätte. In der Capella Peruzzi sind Fresken von Giotto zu besichtigen. Öffnungszeiten: 8.00 bis 13.00 Uhr und 15.00 bis 18.00 Uhr.

Anfahrtsweg

Die Piazza dei Ciompi liegt in der Nähe der Piazza Santa Croce. Ein Busbahnhof ist in der Via Ghibellina, Parkmöglichkeiten gibt es in der Via Pietapiana.

Weitere Informationen für beide Flohmärkte

Ente Provinciale il Turismo
Via Manzoni 16
I-50100 Florenz
Tel.: 00 39 / 55 / 2 33 20
Fax: 00 39 / 55 / 2 34 62 84

137

Mailand – Fiera di Senigallia
Jenseits der hohen Mode

Kurzbeschreibung

Armani, Versace oder Gucci – daran denkt man gewöhnlich zuerst, wenn man die Worte »Mailand« und »Einkaufen« hört. Daß in Mailand aber nicht nur mit Mode, sondern auch mit Antiquitäten und Trödel gehandelt wird, gerät darüber oft in Vergessenheit. Flohmarktfreunde werden auf der Fiera di Senigallia aber mit Sicherheit fündig werden. Ein junges, alternatives Publikum stöbert jeden Samstag in Ramsch und Trödel.

Wissenswertes

Die Fiera di Senigallia liegt im Stadtviertel Ticinese im Südwesten der Stadt. Mit den beiden Kanälen Naviglio Grande und Naviglio Pavese kommt hier fast »Amsterdam-Feeling« auf. In Ticinese ist die Alternativszene Mailands beheimatet, hier finden sich unzählige Kneipen, Musiklokale und Second-hand-Läden.

Wann und Wo?

Jeden Samstag von 8.00 bis 16.00 Uhr. Der Markt geht vom Hafenbecken Darsena aus und erstreckt sich über die Straßen Via Calatafimi, Viale D'Annunzio, Via Santa Croce und Via Vettabia.

138

Anfahrtsweg

Der Markt ist mit der Buslinie 65 oder mit den Straßenbahnlinien 9 oder 15 vom Domplatz aus zu erreichen. Die nächste U-Bahn-Haltestelle ist »Porta Genova« (M 2).

Warenangebot

Angeboten werden in erster Linie Trödel und Antiquitäten, aber auch Lebensmittel. Mit ein wenig Glück kann man alte Nähmaschinen oder Bügeleisen, die noch mit Kohle beheizt werden müssen, ergattern.

Freizeittips

Pinacoteca di Brera: Eine der bedeutendsten Sammlungen italienischer Kunst befindet sich in einem Palast aus dem 17. und 18. Jahrhundert. Sie enthält Werke aus allen Schulen der italienischen Malerei.

Ein »Muß« für alle Besucher der norditalienischen Stadt ist auch die Kirche Santa Maria delle Grazie, wo sich im ehemaligen Refektorium das berühmte Abendmahl von Leonardo da Vinci befindet. Das Gemälde entstand in den Jahren 1495 bis 1497, es ist 9,1 Meter lang und 4,2 Meter hoch. Seine Restaurierung ist mittlerweile zu einer unendlichen Geschichte geworden. Öffnungszeiten: Dienstags bis sonntags 8.15 bis 13.45 Uhr. U-Bahn M 1, Haltestelle »Conciliazione.«

Weitere Informationen

EPT Milano
Via Marconi 1
I-20100 Mailand
Tel.: 00 39 / 2 / 87 00 16
Fax: 00 39 / 2 / 72 02 24 32

Rom – Porta Portese

Große Auswahl vor antiker Kulisse

Kurzbeschreibung

Schätze aus der Antike findet man in Rom in Hülle und Fülle, doch nur wenige Touristen machen sich die Mühe, auch das Rom der Gegenwart zu erkunden. Ein Besuch auf dem Flohmarkt, der bei der Porta Portese beginnt, erteilt Nachhilfe in Sachen »heutiges Rom«. Im sonntäglichen Trubel findet man an den etwa 4000 Ständen Tausenderlei, was eigentlich niemand braucht, doch viele trotzdem gerne erstehen. Viele Händler reisen sogar bis aus Neapel an, um ihre Waren dort an den kauflustigen Mann zu bringen.

Wissenswertes

Für römische Verhältnisse ist der »Mercato delle Pulci« bei der Porta Portese ein recht neuer Markt, entwickelte er sich doch erst in den Jahren nach dem Zweiten Weltkrieg aus dem Schwarzmarkt am Tor di Nona. Das Viertel Trastevere (wörtlich: »jenseits des Tiber«), in dem der Flohmarkt stattfindet, ist einer der malerischsten Stadtteile Roms. In den letzten Jahren wurde er jedoch zunehmend von den Yuppies vereinnahmt und Boutiquen und Nobelrestaurants begannen sich auszubreiten.

Wann und Wo?

Jeden Sonntag von 6.30 bis 14.00 Uhr. Der Flohmarkt liegt im Stadtteil Trastevere und erstreckt sich über die Straßen Via Portuense und Via Ippolito Nievo. Die günstigste Zeit für einen Flohmarktbummel sind die frühen Morgenstunden, der größte Betrieb herrscht gegen 11.00 Uhr.

Warenangebot

Auf dem Markt an der Porta Portese gibt es nichts, was es nicht gibt: Taschen, Schallplatten, Haushaltsgeräte, Pflanzen, Haustiere, Trödel und Antiquitäten. Secondhand-Kleidung findet man ebenfalls in Hülle und Fülle, man kann sogar Lederjacken für 10 000 Lire (ca. 10,– DM) erste-

Anfahrtsweg

Wer die chaotischen Verkehrsverhältnisse in Italiens Hauptstadt kennt,
weiß, daß man sich in Rom am besten
mit öffentlichen Verkehrsmitteln fortbewegt. Die Buslinien 170, 280, 718
und 719 bringen Sie direkt ins Flohmarktgebiet von Trastevere.

hen. Der Schwerpunkt des Warenangebots
liegt auf Krimskrams aus der zweiten
Hälfte des vorigen Jahrhunderts und dem
Beginn dieses Jahrhunderts. Sucht man
nach Möbeln, so kann man auf der Piazza
Ippolito Nievo fündig werden. In der Via
Ippolito Nievo haben sich in den letzten
Jahren viele russische Standbesitzer ange-
siedelt, die Kauf- und Schaulustige mit
Spitzen, Ikonen von zweifelhafter Echtheit

und Kaviar locken. Auch bei Antiquitäten
ist Vorsicht geboten: Nicht alles ist so alt,
wie einem die Händler glauben machen
wollen. Grundsätzlich gilt: die Hälfte des
geforderten Preises bieten, da Preis und
Qualität der Ware oft in krassem Mißver-
hältnis stehen.

Freizeittips

Rom bei Nacht: Nach dem Bummel über
den weltberühmten Flohmarkt Roms und
einer ausgiebigen Pause in einem netten
Restaurant, sollten Sie sich Rom bei Nacht
ansehen. Verschiedene Organisationen
(CIT, Cooks, Carrani) führen solche Nacht-
rundfahrten durch.
Sehenswert im Flohmarkt-Viertel Trastevere
ist die Kirche Santa Maria mit ihren Mo-
saiken von Pietro Cavallini aus dem zwölf-
ten Jahrhundert.

Weitere Inforamtionen

EPT (Städtisches Fremdenverkehrsamt)
Via Parigi 11
I-00100 Roma
Tel.: 00 39 / 6 / 48 89 92 53
Fax: 00 39 / 6 / 48 89 92 28

Griechenland

Griechenland-Besucher laufen ebenso wie Italienreisende stets Gefahr, ihr Augenmerk allzusehr auf die Vergangenheit zu legen und die Gegenwart des Landes zu übersehen. Einen guten Einblick in das Athen von heute bietet der Flohmarkt von Monastiráki. Während die griechische Hauptstadt es in fast allen Bereichen geschafft hat, die Einflüsse der langen Türkenherrschaft aus ihrem täglichen Leben zu verdrängen, herrscht hier nach wie vor östliche Enge und Betriebsamkeit. So unterscheidet sich auch das Warenangebot nicht wesentlich von dem eines türkischen oder ägyptischen Basars, auch wenn es vielleicht deutlicher auf ausländische Käufer ausgerichtet ist.

Athen – Monastiráki

Antiquitäten vor antiker Kulisse

Kurzbeschreibung

Viele Besucher Athens sind so von den Monumenten der griechischen Vergangenheit gebannt, daß sie dem Athen der Gegenwart nur wenig Beachtung schenken. Um einen Eindruck vom heutigen Athener Leben zu gewinnen, lohnt sich ein Besuch auf dem Flohmarkt Monastiráki mit seinem bunten Treiben und Getümmel. Besonders am Wochenende schieben sich schwitzende Menschenmassen durch die engen Athener Gassen. Hier herrscht typische östliche Enge und Betriebsamkeit zwischen Buchhändlern, überfüllten Ständen und Buden, improvisierten Garküchen und Handwerksstätten. Das Flair des Marktes könnte man auch als eine Mischung aus Flohmarkt, Bazar, Einkaufszentrum und Jahrmarkt beschreiben.

Anfahrtsweg

Wer die Verkehrsverhältnisse in Athen kennt, weiß, daß man sich am besten mit den öffentlichen Verkehrsmitteln fortbewegt. Eine U-Bahn-Linie führt direkt durchs Zentrum der griechischen Hauptstadt, Flohmarktbesucher steigen an der Haltestelle »Monastiráki« aus.

Kunst vertreten. In letzter Zeit findet man leider vermehrt Touristenartikel; alte Münzen, ja »Originale« überhaupt, werden rar. Wer ein wenig Geduld mit sich bringt, kann noch alte, ledergebundene Bücher zu günstigen Preisen finden.

Freizeittips

Touristeninformation: Griechische Zentrale für Fremdenverkehr (EOT), 2 Amerikis, Touristenpolizei, 9 Chalkokonidili.
Athen verbindet der Besucher gleich mit der Akropolis. Um einen umfassenden Überblick über die Geschichte Griechenlands zu bekommen, sollte man das Archäologische Nationalmuseum besuchen. Es ist das größte und wichtigste Museum Griechenlands. Nach all der Geschichte sollte man sich in einem netten Restaurant in der Altstadt mit kulinarischen Köstlichkeiten verwöhnen lassen.

Wissenswertes

Der Markt befindet sich ca. 300 Meter nördlich der Akropolis, nahe dem romantischen Stadtteil Plaka.

Wann und Wo?

Täglich von 8.00 bis 13.00 Uhr. Der Markt findet an der Kreuzung der Athinás und Ermoú Straße statt.

Warenangebot

Auf dem Markt findet der Besucher alles, was zwischen Gerümpel und echten Antiquitäten angesiedelt ist. Verkratzte Schallplatten, gebrauchte Springerstiefel, kurz: alles, was irgend jemand loswerden möchte und ein anderer brauchen könnte. Am farbenprächtigsten zeigt sich der Flohmarkt in der Pandrossoustraße. In den Antiquitätenläden sind alle Epochen griechischer

Weitere Informationen

EOT
Neue Mainzer Straße 22
60311 Frankfurt am Main
Tel.: 0 69 / 2 23 66 51-3
Fax: 0 69 / 23 65 76

Ungarn

Besucht man einen der vielen ungarischen Märkte, so trifft einen unvermutet die Vergangenheit des Landes. In den altmodisch gestrichenen Verkaufshäuschen bieten zumeist Bauern und Kleingärtner ihre Waren an. Für Flohmarktfreunde ist vor allem der Ecseri-Markt in Budapest interessant. Händler wie Besucher stellen einen Querschnitt der ungarischen Bevölkerung dar: Alte Menschen vom Lande breiten ihre Habseligkeiten auf einem Stück Stoff aus, Gelegenheitsverkäufer wollen Sachen loswerden, die sie nicht mehr brauchen können, und ständige Händler haben Jeans und andere Kleidungsstücke in ihrem Sortiment.

Budapest – Ecseri-Markt

Berge von Trödel

Kurzbeschreibung

Der Ecseri-Markt wurde vor 130 Jahren im Stadtteil Kispest geschaffen und ist im Laufe der Jahre immer mehr an den Stadtrand gewandert. Heute ist er der größte Flohmarkt in Budapest; mit seiner Grundfläche von 10 000 Quadratmetern wird er sogar zum größten Markt Mitteleuropas. Viele der Stände sind überdacht. In Passagen findet sich eine Reihe von kleinen Läden. Die Händler sind zwar mit ihren Preisen voll auf westliche Kunden eingestellt, dennoch kann man noch echte Schnäppchen machen.

Wissenswertes

Besonders am Samstag herrscht hier dichtes Gedränge. Menschen, die unter Platzangst leiden, sollten den Markt also besser unter der Woche besuchen. Allerdings besteht am Samstag auch die beste Chance auf ein Schnäppchen: Kurz vor 13.00 Uhr sind dann die Händler besonders zum Feilschen aufgelegt, unter Umständen kann man Produkte um 20 bis 30% billiger erwerben.

Wann und Wo?

Montags bis freitags von 8.00 bis 16.00 Uhr, samstags von 8.00 bis 13.00 Uhr. Allerdings können diese Öffnungszeiten schon einmal vom Wetter oder der Laune der Händler abhängen. Bei strömendem Regen sollte man also damit rechnen, daß nicht alle Stände geöffnet sind. Der Markt liegt im Stadtteil Pest in der Nagykörösi-Straße.

Warenangebot

Möbel, Antiquitäten, Schellackplatten, Porzellan, Gemälde, Kinderspielzeug, Kleidung, Lampen, Hausrat, Silber, Schmuck oder Grammophone – selten sieht man solche Berge von Trödel wie auf dem Ecseri-Markt. Beim Kauf von Neuware ist Vorsicht angebracht: Oft handelt es sich um heiße Ware, deshalb wird es auch nicht gern gesehen, wenn man auf dem Markt fotografiert.

Freizeittips

Touristeninformation: Sie finden Informationsbüros am Ost-, West- und Südbahnhof. Das »Ibusz«-Hauptbüro befindet sich VII., Tanács körút 3c (Fahrkartenverkauf). Bei einheimischen und ausländischen Besuchern sind die zahlreichen Gaststätten beliebt, in denen leichte Unterhaltungs-

musik und Zigeunermusik gespielt wird. Dazu genießt man guten Wein und ungarische Spezialitäten.
Im Stadtteil Buda ist vor allem der Burgpalast sehenswert. Er ist mit den Buslinien 16 und 16 A leicht zu erreichen. Die symmetrische Palastanlage ist ganz auf den zentralen Kuppelbau (62 Meter) ausgerichtet. Außerdem sind hier die Ungarische Nationalgalerie und das Historische Museum untergebracht.

Anfahrtsweg

Der Markt liegt an der südöstlichen Peripherie von Pest . Bei Anreise mit den öffentlichen Verkehrsmitteln: Buslinie 54 vom Pester Brückenkopf der Petöfi-Brücke bis zur Haltestelle »Használtcikk piac« oder Straßenbahnlinie 13.
Anreise mit dem Pkw: Richtung Kecskemét – Nagykörösi út (Autobahnzubringer zur M 5).

Weitere Informationen

Ungarisches Fremdenverkehrsamt
Berliner Str. 72
60311 Frankfurt am Main
Tel.: 0 69 / 9 29 11 91
Fax: 0 69 / 9 29 11 90

Das große Flohmarkt-ABC

Antiquität

Ältere Gegenstände, hauptsächlich Kunsthandwerk (Möbel, Schmuck, Keramik, Glas, Münzen, Textilien, darstellende Kunst). Die Gegenstände entstammen meist dem Zeitraum von der Renaissance (1420-1550) bis zum Art déco (1920-1940). Der Antiquitätenhandel gehört zum Gewerbe des Kunsthandels.

Art déco

Bezeichnung für das Kunstgewerbe der 20er Jahre des 20. Jahrhunderts (1920 bis 1940).

Auktion

Versteigerung. Hier werden Objekte an den Meistbietenden verkauft. Bekannte Auktionshäuser sind Sotheby's oder Christie's in London. Allerdings muß man hier meist einen gut gefüllten Geldbeutel mitbringen. Doch auch im kleineren Rahmen finden Auktionen statt und bieten eine gute Gelegenheit für günstige Einkäufe. In Schweden sind Auktionen stets eine Art Volksfest, zu dem Menschen aus einem weiten Umkreis angereist kommen.

Brocante

Begriff, den es genau genommen im Deutschen nicht gibt. Er bezeichnet schlechthin den Altwarenhandel, dabei jedoch eine Ebene, die weder den ausgesprochenen Trödler und Lumpenhändler noch den eigentlichen Kunst- und Antiquitätenhändler meint. Brocanteure sind auch die Händler, die auf den Flohmärkten diejenigen Gebrauchtwaren anbieten, welche kein ausgesprochener Schund sind, aber bisweilen sehr wohl wertvollere Antiquitäten und Kunstgegenstände sein können. Die Bezeichnung ist besonders in der Schweiz verbreitet.

Brocanteur

Französische Bezeichnung für einen Altwarenhändler.

Feira da Ladra

»Markt der Diebe«, portugiesische Bezeichnung für einen Flohmarkt.

Flohmarkt

Ein Markt, auf dem Gebrauchtwaren verkauft werden. In der Regel sind die Händler Privatpersonen, die sich auf diese Weise überflüssiger Sachen entledigen wollen. Allerdings weitet sich der Begriff immer weiter aus. Auf vielen Flohmärkten werden mittlerweile auch Neuwaren von professionellen Händlern verkauft. Die Bezeichnung »Flohmarkt« ist übrigens international: So spricht man im Englischen von einem »fleamarket«, im Französischen von einem »marché aux puces« und im Italienischen von einem »mercato delle pulci«.

Geschäftszeiten

Flohmärkte beginnen in der Regel schon in den frühen Morgenstunden. Dann kann man oft die besten Schnäppchen machen. Dafür enden sie meist schon in den Nachmittagsstunden. Auch wenn die Geschäftszeiten von Markt zu Markt unterschiedlich sind – wer zwischen 8.00 und 13.00 Uhr kommt, kann nichts falsch machen.

Graphiken

Sammelbezeichnung für Zeichnungen, Lithographien, Holzschnitte, Kupferstiche und Radierungen.

Haushaltsauflösungen

Neben Flohmärkten eine weitere Gelegenheit, günstig Gebrauchtwaren zu kaufen. Meistens finden Haushaltsauflösungen statt, wenn ein Wohnungsinhaber verstorben ist. Da oft wirklich der ganze Haushalt zum Verkauf angeboten ist, kann man von Möbeln über Kleidung bis hin zu Elektrogeräten alles erwerben.

Heiße Ware

Anderer Begriff für Diebesgut. Leider findet sich auf vielen größeren und unüberschaubaren Flohmärkten auch Diebesgut im Sortiment. Wer also ein nagelneues Autoradio für 20,- DM angeboten bekommt, sollte mißtrauisch sein. In Großbritannien hört man als Erklärung für die Herkunft der Ware häufig, sie sei von einem Lastwagen gefallen.

Junk

Englische Bezeichnung für alten Plunder, Ramsch, Trödel.

Krammarkt

Ein Begriff, den man auf zwei unterschiedliche Arten auslegen kann: Entweder ein Markt, auf dem es alten Kram gibt, oder ein Markt, auf dem man nach Herzenslust herumkramen kann.

Krempel

Anderer Begriff für Trödelkram.

Krempelmarkt

Markt, auf dem Trödel angeboten wird.

Krimskrams

Sammelbezeichnung für Flohmarktartikel, die sich unter keinem anderen Begriff zusammenfassen lassen. Meistens nutzlose kleine Gegenstände, die aber doch recht hübsch anzusehen sind.

Ladenschlußgesetz

Im Gegensatz zu vielen anderen Ländern bestehen in Deutschland feste Ladenschlußzeiten. So darf am Flohmarkt-Tag Samstag nur bis 16.00 Uhr gehandelt werden. Sonntags ist das Handeln nur in besonderen Fällen erlaubt. Deshalb sind auf vielen Flohmärkten professionelle Händler nicht zugelassen, da dies sonst ein Verstoß gegen das Ladenschlußgesetz wäre.

Läusemarkt

Andere Bezeichnung für Flohmarkt.

Loppmarknad

Schwedischer Begriff für Trödelmarkt.

Marktordnung

Die Marktordnung wird von den Flohmarktveranstaltern festgesetzt. Sie regelt zum Beispiel Auf- und Abbauzeiten, Verkaufszeiten, Beschränkungen des Warenangebots oder die Standgebühr. Ein Verstoß gegen die Marktordnung kann mit Platzverweis geahndet werden.

Militaria

Dinge, die mit dem Militär zu tun haben. Dazu gehören Orden, Ehrenzeichen oder Uniformen. Militaria sind beliebte Sammelobjekte.

Preise

Die Preise auf dem Flohmarkt sind nur schwer einzuschätzen, da sie sich von Tag zu Tag, von Händler zu Händler oder einfach auch nach Sympathie ändern. Preisbeispiele finden sich z. B. in der Zeitschrift »Trödler und Sammeln«. Sie dienen als Orientierungswerte.

Pucier
Französische Bezeichnung für Flohmarkthändler.

Qualität
Die Qualität mancher Flohmarktartikel ist fragwürdig. Gerade bei teureren Antiquitäten sollte man nicht jedem Händler blindlings vertrauen, sondern ein Echtheitszertifikat verlangen oder einen Experten auf den Flohmarktbummel mitnehmen.

Ramsch
Ware von minderer Qualität, wird leider auch oft auf Flohmärkten angeboten.

Rarität
Seltenes Stück. Gelegentlich kann man auf Flohmärkten Raritäten erwerben, oft sogar ziemlich günstig. Wer weiß schon, daß die Überraschungsei-Figur, die auf dem Regal vor sich hin staubt, in limitierter Auflage erschienen ist und deshalb mittlerweile das Hundertfache ihres Einkaufspreises wert ist?

Sammler
Person, die sich auf ein Gebiet spezialisiert hat und alles in ihren Besitz bringen will, was damit zu tun hat. Beliebte Sammelobjekte sind alte Postkarten, Uhren, Comic-Hefte, Briefmarken oder auch Überraschungsei-Figuren.

Sortiment
Warenangebot eines Händlers. Viele Privatpersonen verkaufen alles, was sie nicht mehr brauchen. In ihrem Sortiment finden sich oft die kuriosesten Dinge. Andere Händler wiederum haben sich spezialisiert, sie handeln ausschließlich mit Antiquitäten, Comic-Heften oder Schallplatten.

Stadt- und Ordnungsamt
Das Stadt- und Ordnungsamt ist – wie der Name schon sagt – für den ordnungsgemäßen Ablauf eines Flohmarkts zuständig. Wer als Privatperson einen Flohmarkt veranstalten will, muß sich hier eine Genehmigung einholen.

Standmiete
Wer auf einem Flohmarkt etwas verkaufen will, muß eine Standgebühr entrichten. Diese hängt in der Regel von der Länge des Standes ab und wird pro laufendem Meter erhoben. Manchmal wird die Standgebühr aber auch nach der Standtiefe oder der Verkaufsfläche berechnet.

Stiche
Meist Kupferstiche. Art der Graphik, bei der eine Zeichnung seitenverkehrt in eine Kupferplatte eingeritzt wird. Die in die Vertiefungen gebrachte schwarze Farbe ergibt dann auf dem angefeuchtet aufgedrückten Papier das positive Bild. Stiche können auf dem Flohmarkt oft günstig erworben werden.

Schnäppchen
Günstiger Einkauf. Ein Schnäppchen macht, wer für eine Ware weniger Geld bezahlt, als sie eigentlich wert ist.

Trödler
Gebrauchtwarenhändler. Trödler ziehen am Wochenende von Markt zu Markt, verkaufen ihre Waren und kaufen gleichzeitig wieder ein.

Trödel

Andere Bezeichnung für Gebrauchtwaren.

Trödelmarkt

Gebrauchtwarenmarkt. Hier wird alles verkauft, was der frühere Besitzer loshaben will. Zwischen Bergen von Tand und Trödel kann man aber durchaus einmal etwas wirklich Wertvolles finden.

Veranstalter

Person oder Gesellschaft, die mit der Organisation und Durchführung eines Flohmarkts betraut ist. Wer seine Waren auf einem Flohmarkt anbieten will, muß zunächst Kontakt mit dem Veranstalter aufnehmen, um einen Stand zugeteilt zu bekommen.

Veranstalterverzeichnis

A
Association de la Vieille
du Landeron (AVVL)
Case postale 10
CH-2525 Le Landeron
Tel.: 00 41 / 32 / 7 51 21 91

B
Marktamt der Bundesstadt
Bonn
Berliner Platz 2
53103 Bonn
Tel.: 02 28 / 7 71
Infotel.: 02 28 / 77 26 36
Fax: 02 28 / 77 46 46

Breminale GmbH
Am Deich 68/69
28199 Bremen
Tel.: 04 21 / 50 05 03
Fax: 04 21 / 50 05 93

C
City Ring Limburg
Inh. Paul-Josef Hagen

Postfach 1421
65534 Limburg/Lahn
Tel:. 0 64 31 / 62 83
Fax: 0 64 31 / 84 81

Club Punta Arabi
Tel.: 00 34 / 71 / 33 06 50

D
Dienst Lokale Economie
De Schiervelstraat 8
B-3700 Tongeren
Tel.: 00 32 / 12 / 39 19 51
Fax: 0032 / 12 / 39 02 33

F
Fed. Gremis i Mercats
de Catalunya
Manso, 14
E-08014 Barcelona
Tel.: 00 34 / 3 / 4 24 64 00
Fax: 00 34 / 3 / 3 25 16 62

Fetzer Veranstaltungs GbR
Julius-Kunert-Str. 50
87509 Immenstadt

Infotel.: 0 83 23 / 72 45
Fax: 0 83 23 / 72 01

G
Gatukontoret
Tel.: 00 46 / 40 / 34 15 17

Isabelle van der Geeten
80, Avenue Mozart
B-1190 Bruxelles
Tel.: 00 32 / 2 / 343 57 03

Tina und Gustl Glattfelder
Hauptstr. 10
77836 Rheinmünster
Tel.: 0 72 27 / 7 75
Fax: 0 72 27 / 7 99

Marktverwaltung Graz
Tel.: 00 43 / 316 / 8 72-52 02
Fax: 00 43 / 316 / 8 72-52 09

Großmarkt Bremen GmbH
Paul-Feller-Str. 25
28199 Bremen
Tel.: 04 21 / 53 68 2-0
Fax: 04 21 / 53 68 2-20

H

Agentur S. Haselberger
Lerchenstr. 6
74072 Heilbronn
Tel.: 0 71 31 / 96 34 09
Fax: 0 71 31 / 96 34 35

Helsingin Kaupunki
Kiinteisträvirasto
Talo – osasto
Pohjoisesplanadi 5
SF-00170 Helsinki
Fax: 0 03 58 / 9 / 1 69 38 60

C. Hochberg
Veranstaltung & Organi-
sation
GmbH & Co KG
Waldstr. 13
22926 Ahrensburg
Tel.: 0 41 02 / 3 19 39
Fax: 0 41 02 / 8 19 90

J

»Jeko« R. Voracek
Neusser Str. 21
80807 München
Tel.: 0 89 / 3 61 00-479

K

Kopp Veranstaltungs
GmbH
Homburger Str. 22
50969 Köln-Zollstock
Tel.: 02 21 / 36 47 03
Infotel.: 02 21 / 36 55 00
Fax: 02 21 / 3 60 56 67

Rosa Klamt
Rüdigerstr. 19
67069 Ludwigshafen
Tel.: 06 21 / 66 44 44

V. Krebs
Hofmillerstr. 6
85055 Ingolstadt
Tel.: 08 41 / 92 01 82
Fax: 08 41 / 92 01 82

Kunstpark Ost
Vermietungs GmbH
Grafinger Str. 6
81671 München
Tel.: 0 89 / 49 00 27-30
Fax: 0 89 / 49 00 27-33

KUP Veranstaltungsbüro
Lindenstr. 32
44869 Bochum
Tel.: 02 09 / 27 31 03
Fax: 02 09 / 27 31 05

M

Juan Mari
Tel.: 00 34 / 71 / 33 50 42

Marktwezen Amsterdam
Jan van Galenstraat 14
NL-1051 Amsterdam
Tel.: 00 31 / 20 / 6 82 36 55
Fax: 00 31 / 20 / 6 82 09 66

MEDIAG Messe-Dienst AG
Herr Messerli
Postfach 757
CH-8037 Zürich
Tel.: 00 41 / 1 / 3 62 23 00
Fax: 00 41 / 1 / 3 63 13 00

Melan macht Märkte
Veranstaltungs GmbH
Schumannstr. 33
52146 Würselen
Tel.: 0 18 05 / 21 12 66
Fax: 0 18 05 / 21 12 67

N

Stadt Nürnberg
Marktamt und Landwirt-
schaftsbehörde
Leyher Str. 107
90317 Nürnberg
Tel.: 09 11 / 2 31-0
Fax: 09 11 / 2 31-27 02

P

Polizei- und Militär-
departement des Kantons
Basel-Stadt
Büro für Messen und
Märkte
Spiegelgasse 12
CH-4001 Basel
Tel.: 00 41 / 61 / 2 67 70 43
Fax: 00 41 / 61 / 2 67 71 26

Polizia di Lugano
Via Beltramina
CH-6900 Lugano
Tel.: 00 41 / 91 / 8 00 81 11
Fax: 00 41 / 91 / 8 00 70 68

The Portobello Road
Antiques Dealers
Association
288 Westbourne Grove
GB-London W11 2PS
Tel.: 00 44 / 171 / 2 29 83 54
(Di & Fr 9.30 bis 14.00 Uhr)
Fax: 00 44 / 171 / 6 02 33 98

R

Messebüro Rode
Inh. Richard Rode
Carl-Bantzer-Str. 7
34613 Schwalmstadt
Tel.: 0 66 91 / 60 10
Fax: 0 66 91 / 60 19

150

S

Hôtel de Ville de Saint Ouen
Tel.: 00 33 / 1 / 49 45 67 89
Fax: 00 33 / 1 / 49 45 69 99

Thomas Seizmeir
Enthofstr. 35
85676 Pfaffenhofen/Tegern-
bach
Tel.: 0 84 43 / 4 53
Fax: 0 84 43 / 17 28

Siegfried Stockhecke
Postfach 67 05 02
22345 Hamburg
Infotel.: 0 40 / 6 03 41 13

T

Veranstaltungsbüro
Thümmler
Postfach 15 21

95014 Hof/Saale
Tel.: 0 92 81 / 4 25 50
Fax: 0 92 81 / 4 22 81

Jörg Thurmann
Germanenweg 26
14621 Schönwalde
Tel.: 0 33 22 / 24 67 23
Fax: 0 33 22 / 2 46 70

U

USM
56 Camden Lock Place
GB-London NW1
Tel.: 00 44 / 171 / 2 84 20 84
Fax: 00 44 / 171 / 2 47 61 78

V

Hôtel de Ville de Vanves
Tel.: 00 33 / 1 / 46 45 21 60
Fax: 00 33 / 1 / 46 45 56 30

Gemeinde Verl
Ordnungsamt
Paderborner Str. 3
33415 Verl-Kaunitz
Tel.: 0 52 46 / 96 10
Fax: 0 52 46 / 96 11 59

Voorlichtingscentrum
Amstel 1
NL-1011 PN Amsterdam
Tel.: 00 31 / 20 / 6 24 11 11
Fax: 00 31 / 20 / 6 24 55 50

W

Magistrat der Stadt Wien
Marktamtsdirektion
Am Modenapark 1-2
A-1030 Wien
Tel.: 00 43 / 1 / 711-160
Fax:
00 43 / 1 / 711-16 99 87 931

Trödler & SAMMELN

Die Zeitschrift »Trödler und Sammeln«

Auch im Medienbereich hat die zunehmende Flohmarktbegeisterung mittlerweile
ihre Spuren hinterlassen. Die von Gerd
Reddersen herausgegebene Zeitschrift
»Trödler und Sammeln« versorgt Freunde
von Antik- und Trödelmärkten einmal pro
Monat mit allen wichtigen Informationen.
In einem umfangreichen Terminkalender
findet der Interessierte Hinweise auf aktuel-
le Veranstaltungen, Messen und Ausstellungen im gesamten Bundesgebiet sowie
im angrenzenden Ausland. Abgerundet
wird die Zeitschrift mit Rezensionen von
speziellen Neuerscheinungen auf dem
Buchmarkt und fundierten Artikeln über
einzelne Sammelgebiete. Zu beziehen ist
»Trödler und Sammeln« über folgende
Adresse:

Gemi Verlags GmbH
Pfaffenhofener Str. 3
85293 Reichertshausen
Tel.: 0 84 41 / 40 22-0
Fax: 0 84 41 / 7 18 46

151

Bildnachweis

Association de la Vieille Ville du Landeron,
Le Landeron 66, 67
Breminale GmbH, Bremen 22, 23u.
Dienst Lokale Economie, Tongeren 104, 105r.
Dieter Fluck, Limburg 41
Fetzer Veranstaltungs GmbH, Immenstadt 83
Finnische Zentrale für Tourismus 84
Udo Haafke, Ratingen 74, 100, 102, 103, 105l.,
114, 116, 117
Agentur S. Haselberger, Heilbronn 42
C. Hochberg GmbH, Ahrensburg 19
R. Kiedrowski, Ratingen 8/9, 10, 14, 15, 16, 17,
18, 23, 27, 28, 30, 34, 44, 46, 47, 48, 49, 51, 56,
65, 68, 70, 73, 76, 78, 80, 81, 82, 86/87, 88, 89,
90, 92, 93, 94, 95, 96, 97, 98, 99, 107, 109, 110,
119, 120, 124, 132, 136
Ilka Körtge, Augsburg 11, 13, 24, 26, 29, 31, 33,
35, 39, 40, 45, 54, 61, 62, 69, 77, 123, 129, 145
Lois Lammerhuber 58
Magistrat der Stadt Wien 60

Richard F. J. Mayer, München 50, 53, 112, 115
MEDIAG Messe-Dienst AG, Zürich 72, 122
Ulrich Niehoff, Bienenbüttel 2/3, 7
Erhard Pansegrau, Berlin 57, 71
Polizei- und Militärdepartement des Kantons
Basel-Stadt 64, 108u.
Thomas Seizmeir, Pfaffenhofen 52
Siegfried Stockhecke, Hamburg 20, 21
Spanisches Fremdenverkehrsamt 126, 127
Thümmlers Marktveranstaltungen, Döhlau 12
Mark Wunsch, Uelzen 4, 25, 85
Ernst Wrba 1, 38, 75, 106, 108o., 111, 121,
122o., 128, 130, 131, 133, 134, 138, 139, 140,
141, 142, 144

Verlag und Herausgeber haben sich bemüht,
bestehende Urheberrechte sorgfältig zu recher-
chieren und zu honorieren. Bei der Fülle des
Bildmaterials kann es aber geschehen sein, daß
ein Recht übersehen oder falsch zugeordnet
wurde. Bitte setzen Sie sich zur Klärung mit
dem Verlag in Verbindung.

Die **schönsten Antik- und Flohmärkte
Europas** : Marktangebot und Anfahrtswege /
[Text: Medienagentur Gerald Drews, Augs-
burg. Fotos: Rainer Kiedrowski. Konzeption
und Red.: Michael Schönberger]. –
Augsburg : Battenberg, 1998
(Trödler & sammeln)
ISBN 3-89441-407-3

Das Werk einschließlich aller seiner Teile ist
urheberrechtlich geschützt. Jede Verwertung
außerhalb des Urhebergesetzes ist ohne Zu-
stimmung des Verlages unzulässig und strafbar.

Das gilt insbesondere für Vervielfältigungen,
Übersetzungen, Mikroverfilmungen und die Ein-
speicherung und Verarbeitung in elektronischen
Systemen.

Es ist deshalb nicht gestattet, Abbildungen zu
scannen, in PCs oder auf CDs zu speichern oder
in PCs/Computern zu verändern oder einzeln
oder zusammen mit anderen Bildvorlagen zu
manipulieren, es sei denn mit schriftlicher
Genehmigung des Verlages.

BATTENBERG VERLAG AUGSBURG 1998
© Weltbild Verlag GmbH, Augsburg

Text: Medienagentur Gerald Drews, Augsburg
Mitarbeit: Birgit Adam, Ilka Körtge, Barbara
Peckelsen
Konzeption und Redaktion: Michael Schön-
berger, Augsburg
Umschlaggestaltung: Michael Ballermann,
Augsburg

Layout: Anton Walter, Gundelfingen

Satz: DTP-Design Walter, Gundelfingen
Reproduktion: GAV Prepress, Gerstetten
Druck und Bindung: Appl, Wemding

ISBN 3-89441-407-3